本书由北京印刷学院新闻出版学院校外实践基地项目（编号：03150114002）资助出版



# 出版业务流程指南

周 康 / 编著

知识产权出版社
全国百佳图书出版单位
—北京—

**图书在版编目（CIP）数据**

出版业务流程指南/周康编著. —北京：知识产权出版社，2023.5
ISBN 978-7-5130-8038-5

Ⅰ.①出… Ⅱ.①周… Ⅲ.①电子出版物-出版工作-教育实习-手册
Ⅳ.①G237.6-62

中国版本图书馆 CIP 数据核字（2021）第 277494 号

**内容提要**

本书围绕出版行业生产实践，以图书出版、期刊出版、数字出版为主要对象，对这些出版物的生产全流程进行解析，力求为高等院校编辑出版相关专业学生了解行业生产流程、开展专业实践及提升职业素养奠定基础，也为初入出版行业的从业者及出版学科建设提供参考借鉴。

本书适合高等院校编辑出版相关专业师生及初入行业的出版工作者阅读。

**责任编辑**：王志茹　　　　**责任印制**：孙婷婷

**出版业务流程指南**
CHUBAN YEWU LIUCHENG ZHINAN
周　康　编著

| | | | |
|---|---|---|---|
| 出版发行： | 知识产权出版社有限责任公司 | 网　　址： | http://www.ipph.cn |
| 电　　话： | 010-82004826 | | http://www.laichushu.com |
| 社　　址： | 北京市海淀区气象路 50 号院 | 邮　　编： | 100081 |
| 责编电话： | 010-82000860 转 8761 | 责编邮箱： | laichushu@cnipr.com |
| 发行电话： | 010-82000860 转 8101 | 发行传真： | 010-82000893 |
| 印　　刷： | 北京中献拓方科技发展有限公司 | 经　　销： | 新华书店、各大网上书店及相关专业书店 |
| 开　　本： | 720mm×1000mm　1/16 | 印　　张： | 11.5 |
| 版　　次： | 2023 年 5 月第 1 版 | 印　　次： | 2023 年 5 月第 1 次印刷 |
| 字　　数： | 175 千字 | 定　　价： | 78.00 元 |

ISBN 978-7-5130-8038-5

# 前　言

自2016年以来，诸多纸媒停刊或休刊，“纸媒黄昏”从说法变成了愈演愈烈的现实。事实上，多年前在电视、有线网络等的冲击下，图书的库存量上升、报刊的征订量下降等问题就是存在的，但似乎还没有达到关系其生死存亡的地步。

然而，现在媒介环境发生了巨大的变化，不仅电视的显示屏从显像管发展到液晶屏、LED屏，信号传输技术也层出不穷，无线发射塔已不再重要，而且电视频道更多、栏目更多，大众有了更多的选择。互联网从电话拨号、固定IP端口的有线网络发展到宽带网络，除带宽扩容使传输速度加快、带来随时随地的便利之外，与移动通信技术的结合使移动互联网飞速发展。我们现在已经完全可以通过手机获取信息，其中既包含信息媒介的来源种类，也包含信息媒介的呈现形式，这才是对纸媒的致命打击。当随时随地都能通过手机阅读，不管这些信息原本来自图书、报纸、期刊，还是广播、电视、互联网，并且能够以文字、图片、音频、视频、动画等多种形式呈现时，受众都会选择还原感最强、体验度最高的方式。如果人们通过手机就能够轻松获取信息并进行娱乐，那么谁还会执着于通过纸媒获取。

钱锺书先生曾说：“假如你吃了一个鸡蛋，觉得味道不错，何必要去看看那只下蛋的母鸡呢？”如果将信息比作鸡蛋，那么信息的载体可以比作母鸡，受众感兴趣的是内容，是信息，不是载体，不是载体的具体形式，所以当随身携带的手机与互联网技术结合，能够完全呈现文字、图片、视频的时候，纸媒的真正危机就到了，图书、报纸、期刊的销量下滑，甚至部分报刊休刊、停刊。但是我们也看到，在纸媒整体受到冲击的同时，也有一些新的出版利好消息。这些利好不仅是数字出版市场份额的不断增加，还有各种新的出版形式层出不穷，如数字图书、数字期刊、数字报纸、二维码延伸阅读等，也开始吸引稳定的读者群。由此可见，数字化也并没有完全挤压纸媒的生存空间。

相比于人类历史上多次出现的技术迭代，书籍的历史约为3000年，期刊的历史约为400年，大众报纸的历史也不过300年。当广播出现的时候，纸媒经受冲击；当电视出现的时候，广播和纸媒一起经受冲击。虽然互联网对纸媒和广播、电视的冲击更大，但各类媒介的生命力都是顽强的，它们都在吸收新媒介的优点对自身进行补充，也都是在旧媒介的基础上发展起来的。同时，从传媒研究视角来看，各类媒介也都是在不同时代和技术背景下信息所能找到的不同表现形式与传媒类型的结合，但这更需要出版业、传媒业的关注。

科学技术是第一生产力，计算机、互联网是较为强大的社会推动力，现代社会已经被称为“互联网社会”，当今已经是信息时代，媒介形态的变化必然也会对学科的教学产生影响。编辑出版学属于新闻传播学类。伴随互联网成长的新一代已经对现代技术和媒介环境习以为常，而现代学校教育更多的还是用已经发生的案例、较为成熟的理论培养携带各种智能设备的学生，教室里的设备有些不如学生家庭的设备先进，在新型数码设备使用上学生群体内部也存在差异，我们已经不可能用固定的方案来应对新的媒体时代了。因此，如何保证在飞速发展的媒介环境中，学校提供的专业教育能够紧跟时代变化，立足于专业成熟理论的基础上还能让学生接触社会和行业，零距离拥抱智能传媒时代，在课堂教学之外的实践教育应该是更有效的办法。通过实践教育，学生可将课内知识与社会、行业现实进行对照，能够更好地将专业知识与行业技术、规范、制度进行比较，转换视角，能够更快、更好地了解行业实际，投身于行业的发展和建设。这是北京印刷学院新闻出版学院多年来一直进行的尝试。在课堂教学之外，北京印刷学院邀请行业专家走进校园，组织学生参加各种行业活动、开展各种形式的实践活动，在“学出版”中“做出版”、在“学传媒”中“做传媒”，使第一课堂与第二课堂、理论学习与实践训练相结合，组织、要求、鼓励学生与社会、行业多接触，感受行业发展，促进“教、产、学、研”的良性互动，提升学生的专业素养，培养符合行业发展要求的人才，向社会交上一份更有创新性的答卷。

本书分为两个部分：一是传统出版流程，主要介绍图书和期刊出版；二是数字出版流程，主要介绍数字出版物。

之所以采用这种内容编排方式，是因为笔者对媒介的理解。图书作为较早出现的媒介形式，深刻影响了后来出现的各种媒介。单本图书的内容可能是有限的，但图书的内容质量、内容呈现方式等都在被其他媒介形式借鉴和学习，并且图书也是出版领域中被研究得较为透彻的一种媒介。虽然数字媒体在形式上的丰富度远远大于以图书为代表的纸媒，但这是在内容的呈现方式上借助于载体的突破及在信息检索上借助于交互技术的突破。在具体的媒介内容上，各种媒介形式并无本质区别，因此笔者以纵观出版系统为始，从具体的图书出版流程展开，介绍期刊等纸媒，再转向数字媒体，对数字出版物等进行详细的介绍，这样本书在整体上覆盖从纸媒到数媒的内容制作和载体形态的生产流程，为相关专业学生、初入出版行业者提供有一定价值的资料。

# 目　录

## 第一部分　传统出版流程

## 第二部分　数字出版流程

# 第一部分

# 传统出版流程

第一章

# 出版系统与出版社

出版记载文明，传播文化。中国出版业源远流长，为中华文化的传承、积累和传播做出重要贡献。在现阶段，我国出版业肩负历史使命的同时，还承担社会主义精神文明建设的重任。

我国的出版系统是由一系列机构组成的，既包括各级出版行政管理机构、各种出版组织，又包括图书出版社、期刊社、报社、音像制品出版社等传统出版单位，还包括为出版业服务的各种其他单位。

出版社是进行图书、期刊、报纸和电子物品等有版权物品的出版活动的组织。

## 第一节　出版系统

出版系统是指由分工不同、联系密切的各个出版单位或出版环节，按照同一目的、同一秩序构成的统一的多层次系统。

在出版学研究和教学中，通常以“编、印、发”三个字对出版进行高度概括，它们是对出版物的内容生产、产品复制和市场推送的统称。但在出版流程中，出版物能否被顺利销售取决于市场因素，只有适销对路、满足读者需要的出版物才有可能畅销。这就要求出版学的研究必须向前一步，甚至几步，从市场调研、作者资源开始，关注出版物有效送达读者，在稿源上选择符合社会主义精神文明建设标准和读者需求的内容，只有这样，才能更好地在实现出版的社会效益同时，提高经济效益。因此，可以用“写、编、印(复)、发、售、读”循环的方法做现代出版，推动出版物的畅销和出版社会效益的提升。

出版系统的运行如图 1-1 所示。

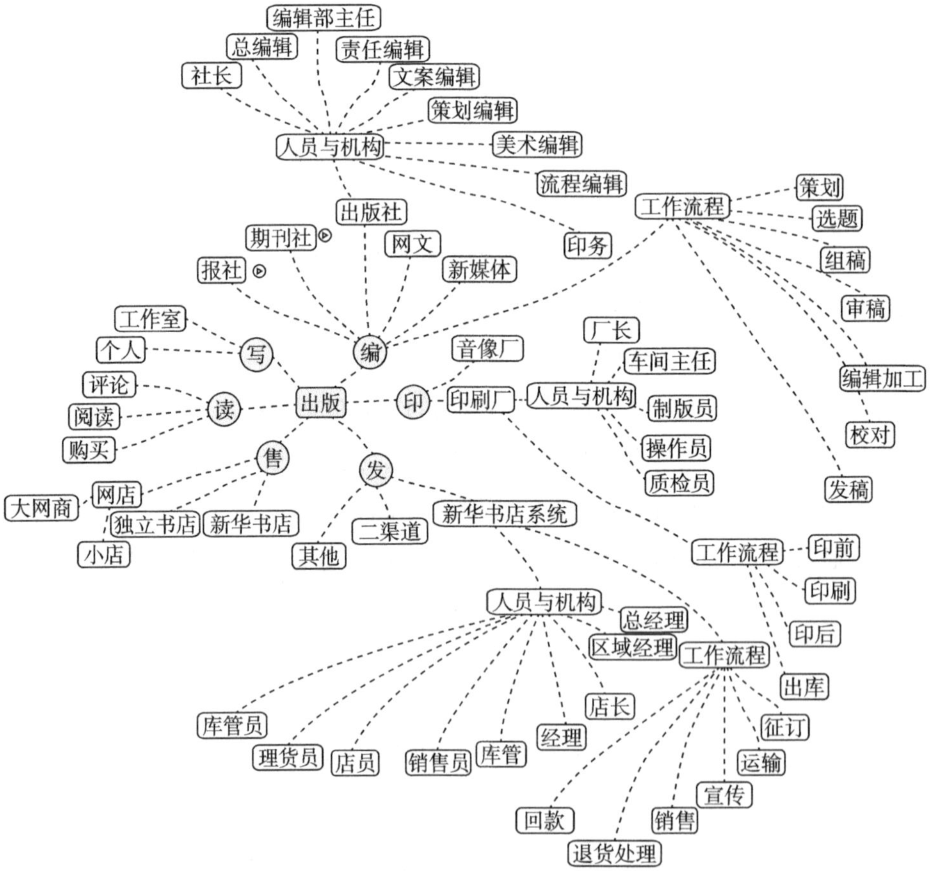


图 1-1　出版系统的运行

在通常意义的出版系统之外，借助“媒介”这一比“出版”更大的概念和领域，列举学习出版需要了解的相关知识（见图 1-2）。

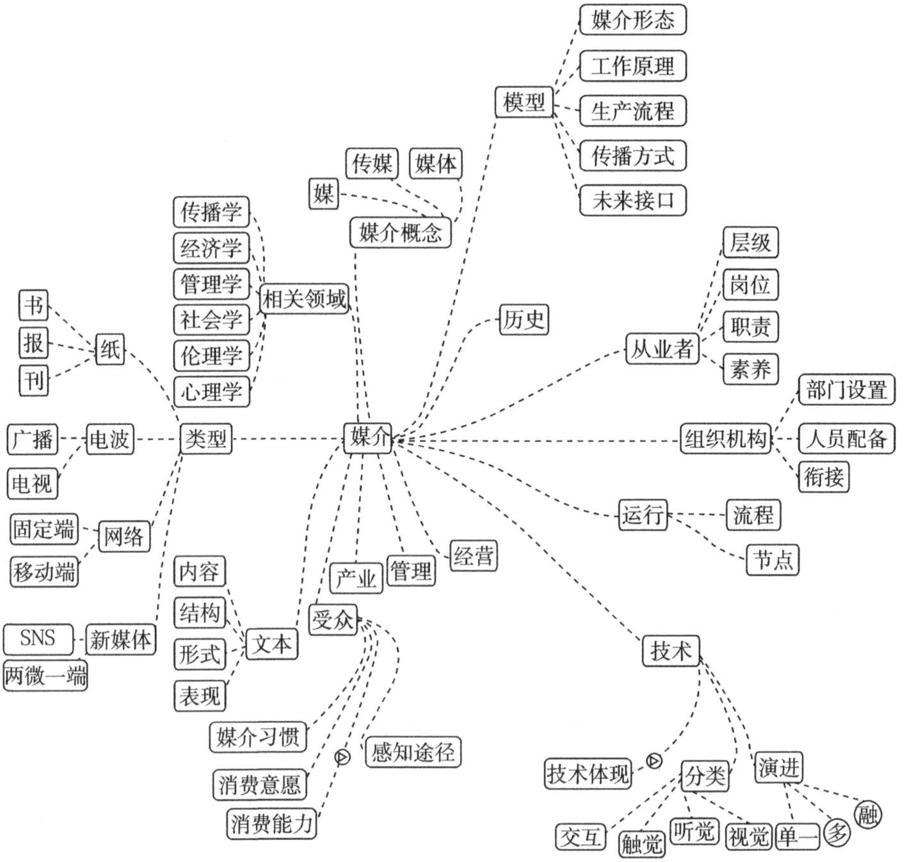


**图 1-2　与出版相关的媒介知识**

## 一、出版单位

出版单位是从事出版活动的组织，包括报社、期刊社、图书出版社、音像出版社和电子出版物出版社等。

出版单位内部一般设有编辑、设计、校对、发行、经营等部门。随着出版体制改革的逐步深入，出版单位已从单纯的生产型向生产经营型转变，发行工作量大大增加，不仅有总批发，而且有零售。随着电子排版技术的推广，出版单位已增加排版业务。

## （一）出版单位的设立

### 1. 设立出版单位的制度

设立出版单位的制度主要有完全自由制、登记制（报告制）、保证金制、特许制（批准制）四种。

完全自由制，即创办出版单位不需要政府机关批准，也不需要开办者登记注册，如德国《北莱茵-威斯特伐利亚州新闻法》中第2条规定：创办出版企业可不经任何形式的登记或认可。

登记制（报告制）是多数国家采用的制度，创办出版企业者在开业前只需在相关机关登记注册，登记注册仅是一个程序性、手续性要件，目的是便于相关机关以后的管理和了解情况。

我国香港地区采用保证金制，如其《管制刊物综合条例》规定：只要缴纳1万元保证金，并有两个人担保，即可开办出版企业。

特许制（批准制）也有相当一部分国家采用。

一般而言，在完全自由制、登记制、保证金制下均不对开办者的资格加以限制，允许个人开办出版企业。

### 2. 我国实行的审批制度

我国对出版单位的设立实行审批制度，即设立出版单位须经出版行政主管部门审批。《出版管理条例》规定，设立出版单位，应当有符合国务院出版行政主管部门认定的主办单位及其主管机关；由其主办单位向所在地省、自治区、直辖市人民政府出版行政主管部门提出申请，省、自治区、直辖市人民政府出版行政主管部门审核同意后，报国务院出版行政主管部门审批；有确定的业务范围；有30万元以上的注册资本和固定的工作场所。

## （二）出版单位的性质

我国出版单位曾经是事业单位，如一些重要报刊、广播电台、电视台等以公共服务为目的，要依靠政府的支持、社会的资助维持发展。如今，除人民出版社、中国盲文出版社等少数出版社之外，多数出版社都已转为经营性企业体制，面向市场以产业化形式发展。

### 二、出版集团

组建出版集团成为出版业的一个热点，出版集团主要按地域、行业性质组建。自 1999 年以来，全国成立了上海世纪出版集团、辽宁出版集团、北京出版社出版集团、中国科学出版集团、中国少年儿童新闻出版总社和湖南出版集团等。2002 年 4 月，中国出版集团成立。2000 年 3 月，辽宁出版集团成立，在全国出版界率先实现政企分开、政事分开，在产权多元化、内部运行机制、人员结构调整、建立高科技支撑体系和现代图书物流中心等方面都取得较大的发展。2003 年 4 月，高等教育出版社与中山大学、吉林大学、天津大学共同筹建高等教育出版集团。该集团是国内第一个跨地域的出版集团。

成立出版集团的目的，不是简单地把规模拼凑做大，而是要通过资源重组、品牌延伸、深度开发，提高出版的整体效益，发挥出版的规模优势。

## 第二节　出版社的部门设置

在出版社内部，一般由社长、总编辑、副社长、副总编辑、社长助理、总编辑助理等组成社务委员会，由其统筹全社事宜；在社务委员会之下，编辑部门、后勤部门、发行部门、人力资源部门、财务部门等分工协作，互相配合完成出版工作。

编辑部门是出版社的重要业务部门。下面以某出版社的基本部门划分为例。

### 一、编辑部门

总编室：负责管理出版业务工作。

文学编辑中心：负责文学类书稿的编辑加工。

社科编辑中心：负责社科类书稿的编辑加工。

艺术编辑中心：负责艺术类书稿的编辑加工。

经管编辑中心：负责经济与管理类书稿的编辑加工。

生活编辑中心：负责生活类书稿的编辑加工。

教育编辑中心：负责教育类书稿的编辑加工。

大众图书编辑中心：负责一般类别（除上述类别以外）书稿的编辑加工。

综合图书编辑中心：负责专题类别（除上述类别以外）书稿的编辑加工。

美术编辑部：负责图书出版中的美术编辑、各种美术事务处理。

校对部：负责图书相关的校对事务。

## 二、后勤部门

党委办公室：负责中共党员的管理，发展新党员，开展各种学习与常态活动。

办公室：负责协调出版社各部门之间的工作，管理各办公室，负责日常事务、车辆管理、接待、党委、团委等事务性工作。

法务、版权中心：负责版权保护与版权事务工作。

策划宣传部：负责社级重点选题策划、一般选题征集及出版社图书对外宣传，策划各类推广活动，联络对接各类媒体。

驻外机构管理部：负责管理各驻外机构，依据规章协调服务。

## 三、发行部门

出版印务中心：负责图书印刷，发送物流。

实体发行中心：负责线下实体书店及各种实体系统的发行工作。

邮购部：面向读者推介和零售本社及其他出版社的优秀图书。

网络发行部：负责各种网络渠道的发行与零售。

## 四、人力资源部门与财务部门

人力资源部：负责人才招聘、上岗培训、员工再教育、日常培训、人才激励等工作。

财务部：负责财务相关事务，关注相关领域情况。

# 第二章

# 编辑与编辑工作

图书出版是出版产业的重要组成部分。编辑是除作者之外出版产业中重要的智力资源，承担选题策划、组稿审稿、编辑加工等一系列具体工作，是出版工作的具体执行者。

编辑工作是围绕内容资源进行编辑加工以推向市场的一系列内容处理工作，由市场预测、选题策划、组稿审稿、编辑加工等工作流程和环节组成，是整个出版工作的中心环节。

## 第一节　出版社编辑

### 一、编辑概述

目前，我国从事编辑及相关工作需要遵循《出版专业技术人员职业资格管理规定》，取得职业资格。我国自 2008 年 6 月 1 日起施行《出版专业技术人员职业资格管理规定》，对在报纸、期刊、图书、音像、电子、网络出版单位从事出版专业技术工作的人员实行职业资格制度，对职业资格实行登记注册管理。[1]

规定所称出版专业技术人员包括在图书、非新闻性期刊、音像、电子、

[1] 新闻出版总署. 出版专业技术人员职业资格管理规定 [EB/OL]. (2008-02-21) [2023-05-08]. https://www.nppa.gov.cn/nppa/contents/770/103249.shtml.

网络出版单位内承担内容加工整理、装帧和版式设计等工作的编辑人员和校对人员，以及在报纸、新闻性期刊出版单位从事校对工作的专业技术人员。

出版专业技术人员职业资格分为初级、中级和高级。初级、中级职业资格通过全国出版专业技术人员职业资格考试取得，高级职业资格通过考试、按规定评审取得。凡在出版单位从事出版专业技术工作的人员，必须在到岗两年内取得出版专业职业资格证书，并按本规定办理登记手续，否则不得继续从事出版专业技术工作。

出版专业技术人员职称设初级、中级、高级，初级只设助理级，高级分设副高级和正高级。初级、中级、副高级、正高级的名称分别为助理编辑、编辑、副编审、编审。原技术设计员、助理技术编辑、三级校对、二级校对对应助理编辑，原技术编辑、一级校对对应编辑。编辑是出版单位中主要和重要的出版专业技术工作人员。

总编辑在出版单位领导班子的集体领导下，负责出版导向、落实出版制度、保证出版物内容质量、培养编辑队伍等工作，在业务方面承担主要责任，具有重要作用。[1] 在出版单位担任社长、总编辑、主编、编辑室主任（均含副职）职务的人员，除应具备国家规定的任职条件外，还必须具有中级以上出版专业职业资格并履行登记、注册手续。

责任编辑是指在出版单位为保证出版物的质量符合出版要求，专门负责对拟出版的作品内容进行全面审核和加工整理并在出版物上署名的编辑人员。在出版单位担任责任编辑的人员必须在到岗前取得中级以上出版专业职业资格，并办理注册手续，领取责任编辑证书。在出版单位拟担任责任编辑的人员，应首先进行职业资格登记，然后申请责任编辑注册，取得责任编辑证书后，方可从事责任编辑工作。申请责任编辑注册的人员应具备与责任编辑岗位相适应的政治素质、业务能力和职业道德。

## 二、编辑职称评价的基本标准

编辑在出版单位从事编辑工作，必须具备较高的文化素质，拥有相应的

[1] 新闻出版总署. 新闻出版总署关于进一步加强出版单位总编辑工作的意见［EB/OL］.(2011-03-31)［2023-05-08］. https://www.nppa.gov.cn/nppa/contents/312/23734.shtml.

文化修养及专业素养。在进行职称评价时，除文化修养、专业素养、编辑职业技能之外，编辑还必须满足如下基本标准。

（1）遵守中华人民共和国宪法和法律法规，坚持中国共产党的领导，拥护党的基本理论、基本路线和基本方略，忠于党的出版事业。

（2）坚持党性原则，坚持马克思主义新闻出版观，坚持以人民为中心的工作导向，认真履行出版工作职责使命。

（3）具备良好的思想政治素质和职业道德、敬业精神，作风端正。

（4）热爱出版工作，具备相应的出版专业知识和业务技能，认真履行岗位职责，按照规定参加继续教育。

## 三、各级编辑职称的评价条件

### （一）助理编辑的评价条件

（1）具有基本的马克思主义理论水平，基本掌握出版专业基础理论和专业知识。

（2）了解出版工作规律，基本具备从事出版选题策划、编辑校对、设计制作等工作的能力，能够胜任出版专业基础性工作。

（3）具备大学专科及以上学历。

### （二）编辑的评价条件

（1）具有一定的马克思主义理论水平，掌握出版专业基础理论和专业知识，有一定的出版学术水平。

（2）熟悉出版工作规律，有一定的出版选题策划、编辑校对、设计制作等实践经验，能够独立开展某一方面的出版专业工作，能基本解决工作中的疑难问题，基本能创造性地开展工作。

（3）能够指导初级出版专业技术人员开展工作。

（4）具备博士学位或硕士学位，从事出版专业工作满 1 年；或具备双学士学位、第二学士学位或研究生班毕业，从事出版专业工作满 2 年；或具备大学本科学历或学士学位，从事出版专业工作满 4 年；或具备大学专科学历，从事出版专业工作满 5 年。

（三）副编审的评价条件

（1）具有相当的马克思主义理论水平，全面掌握出版专业理论和专业知识，有一定的出版学术造诣。

（2）全面掌握出版工作规律，有较深厚扎实的出版选题策划、编辑校对、设计制作等实践功底，出版工作经验比较丰富，能解决工作中的疑难问题，能够创造性地开展工作，工作业绩显著，参与出版了为社会所认可的、有一定影响力的出版物，或参与开展了有一定行业影响力的出版工程项目等。

（3）是出版专业领域的业务骨干，具有指导、培养中级及以下出版专业技术人员的能力。

（4）取得一定的出版相关理论研究成果，或主持完成出版相关行业标准、研究课题、调研报告等。

（5）具备博士学位，从事出版专业工作满 2 年；或具备大学本科及以上学历或学士及以上学位，取得编辑职称后，从事出版专业工作满 5 年。

（四）编审的评价条件

（1）具有较高的马克思主义理论水平，系统掌握出版专业理论和专业知识，有较高的出版学术造诣。

（2）系统掌握出版工作规律，有深厚扎实的出版选题策划、编辑校对、设计制作等实践功底，出版工作经验丰富，能解决工作中的重大疑难问题，在出版工作方面有重大创新，工作业绩卓著，在出版界有一定影响，主持出版了为社会所认可的、有较大影响力的出版物，或主持开展了有较大行业影响力的出版工程项目等。

（3）是出版专业领域的业务带头人，具有指导、培养副高级及以下出版专业技术人员的能力。

（4）取得重大出版相关理论研究成果，或其他创造性出版相关研究成果，推动出版业发展。

（5）具备大学本科及以上学历或学士及以上学位，取得副编审职称后，从事出版专业工作满 5 年。

不具备上述规定的学历、年限等要求，业绩突出、做出重要贡献的，可破格申报，具体办法由各地区、各有关部门和单位另行制定。[1]

## 四、编辑资质与出版专业资格考试

根据人事部、新闻出版总署《关于印发〈出版专业技术人员职业资格考试暂行规定〉和〈出版专业技术人员职业资格考试实施办法〉的通知》文件精神，自2002年起，国家开始实施出版专业技术人员职业资格考试。出版专业实行职业资格考试制度后，不再进行该专业相应级别专业技术职务任职资格的评审工作。根据人力资源和社会保障部、国家新闻出版署《关于深化出版专业技术人员职称制度改革的指导意见》，出版专业技术人员初级、中级实行以考代评方式，不再进行相应的职称评审或认定。

出版专业技术人员职业资格（以下简称“出版专业资格”）实行全国统一考试管理，由国家统一组织、统一时间、统一大纲、统一试题、统一标准、统一证书。

出版专业资格考试工作由人事部和新闻出版总署共同负责。新闻出版总署负责拟定考试科目、考试大纲、考试题目、编写考试用书、研究并建立考试题库，组织或授权组织考前培训等有关工作。人事部负责审定考试科目、考试大纲和试题，会同新闻出版总署对考试进行检查、监督和指导，确定合格标准。

各地考试工作由各省、自治区、直辖市新闻出版主管部门和人事部门共同负责。

此考试适用于在图书、期刊、音像、电子等出版单位（包括出版社、期刊社）中从事编辑、出版、校对、发行等专业技术工作的人员。

出版专业资格分为初级资格、中级资格和高级资格。出版专业初级、中级资格考试均设出版专业基础知识和出版专业理论与实务两个科目。

（1）取得初级资格，作为从事出版专业岗位工作的上岗证，可根据《出版专业人员职务试行条例》有关规定，聘任助理编辑（助理技术编辑或二级

---

[1] 人力资源社会保障部，国家新闻出版署．关于深化出版专业技术人员职称制度改革的指导意见［EB/OL］．（2021-01-28）［2023-05-08］．http://www.gov.cn/zhengce/zhengceku/2021-02/24/content_5588656.htm.

校对）职务。

（2）取得中级资格，作为出版专业某些关键岗位工作的必备条件，可以根据《出版专业人员职务试行条例》有关规定，聘任编辑（技术编辑或一级校对）职务。

（3）高级资格（编审、副编审）实行考试与评审结合的评价制度，具体办法另行规定。

出版专业资格考试合格者，由各省、自治区、直辖市人事部门颁发人事部统一印制，人事部、新闻出版总署共同用印的《中华人民共和国出版专业技术人员职业资格证书》。该证书在全国范围有效。用人单位可根据工作需要，从获得出版专业职业资格证书的人员中择优聘任。

出版专业职业资格证书实行定期登记制度，资格证书每 3 年登记 1 次。资格证书持有者应按国家规定到指定的机构办理登记手续。

## 第二节　编辑工作

### 一、编辑的主要工作

图书出版是一项复杂的工作，在现代社会精细化分工的背景下，它包括选题策划、选题论证、编辑组稿、作者写稿等一系列环节，需要出版社相关部门的相互配合才能完成，责任编辑制、三审三校等各种基本制度也需要相关人员的配合和协助才能执行。在具体的编辑工作中，需要编辑部与其他部门进行业务协调的情况如表 2-1 所示。

**表 2-1　某出版社编辑部与其他部门的业务协调**

| 编号 | 工作内容 | 工作描述 | 工作部门 |
|---|---|---|---|
| 1 | 信息收集 | 全方位收集与项目选题相关的图书信息 | 编辑部 |
| 2 | 信息加工 | 处理、总结、综合、提炼收集到的信息 | 编辑部 |
| 3 | 选题预测 | 确定选题的方向和内容 | 编辑部 |
| 4 | 选题论证 | 通过对选题策划质量的评估，确定是否可以组织实施出版项目 | 总编室 |

续表

| 编号 | 工作内容 | 工作描述 | 工作部门 |
|---|---|---|---|
| 5 | 选题计划 | 将通过的选题列入出版单位选题计划 | 总编室 |
| 6 | 组稿 | 发现、选择、组织作者完成作品创作 | 编辑部 |
| 7 | 跟踪 | 解决作者在写作过程中出现的问题，提供帮助 | 编辑部 |
| 8 | 收稿 | 接收作者完成的稿件，检查内容与约稿是否存在出入 | 编辑部 |
| 9 | 初审 | 对稿件的政治导向、思想倾向、社会价值、科学价值、文化艺术价值、具体内容、体例、文字等进行全面的审查和研究；对稿件的优、缺点进行分析，进而对稿件的质量进行客观的评价 | 编辑部 |
| 10 | 复审 | 在通读全部稿件的同时，对初审者加工稿件的评价做出判断，对初审者遗留的问题进行解决 | 编辑部 |
| 11 | 终审 | 主要把握稿件的政治导向和思想倾向，其处理意见具有最终的决定性 | 编辑部 |
| 12 | 合同 | 与著作权人签订出版合同，明确各自的权利与义务 | 编辑部 |
| 13 | 加工 | 对作品的文字、标点符号、内容进行符合规范的修改 | 编辑部 |
| 14 | CIP | 向国家新闻出版主管部门申请图书在版编目数据 | 总编室 |
| 15 | 排版 | 计算机录入加工后的书稿 | 照排部 |
| 16 | 一校 | 对排版后的稿件与原稿进行核对 | 校对室 |
| 17 | 二校 | 对一校退改之后的稿件与原稿核对 | 校对室 |
| 18 | 三校 | 对二校退改之后的稿件的校对 | 校对室 |
| 19 | 通读 | 通过黑马软件，编辑全面阅读书稿 | 编辑部 |
| 20 | 审读 | 图书审读部门对书稿的加工质量进行检查 | 总编室 |
| 21 | 整体设计 | 对图书正文、扉页、插图、封面、书腰等的全面设计 | 美术部 |
| 22 | 宣传 | 确定宣传推广方式，选择媒体和宣传渠道 | 营销部 |
| 23 | 采购纸品 | 挑选、购买适合图书内容的纸品和封面用纸 | 出版部 |
| 24 | 印刷 | 对图书进行复制并装订 | 出版部 |
| 25 | 质检 | 图书印刷完成后，面市发行之前的全面成品检查 | 总编室 |
| 26 | 渠道 | 确定合适的图书营销渠道，签订代售合同 | 营销部 |
| 27 | 储运 | 选择合适的方式进行图书发货 | 营销部 |
| 28 | 跟踪 | 销售人员在图书代售期间与渠道联系，关注图书的销售状况，处理其间的相关添货、退货、宣传事宜 | 营销部 |
| 29 | 结算 | 图书代售合同期结束后，收回图书货款 | 营销部 |

## 二、责任编辑的工作

在出版社各部门之间的业务衔接中，作为某种图书的责任编辑，要负责图书从策划选题到出版的各环节和方面，是图书出版质量的第一责任人。从组稿到编辑加工，在图书出版的不同阶段，责任编辑需要与各部门、各类人员沟通，需要付出巨大的劳动。图 2–1 为某出版社的出版工作流程中责任编辑的主要工作。

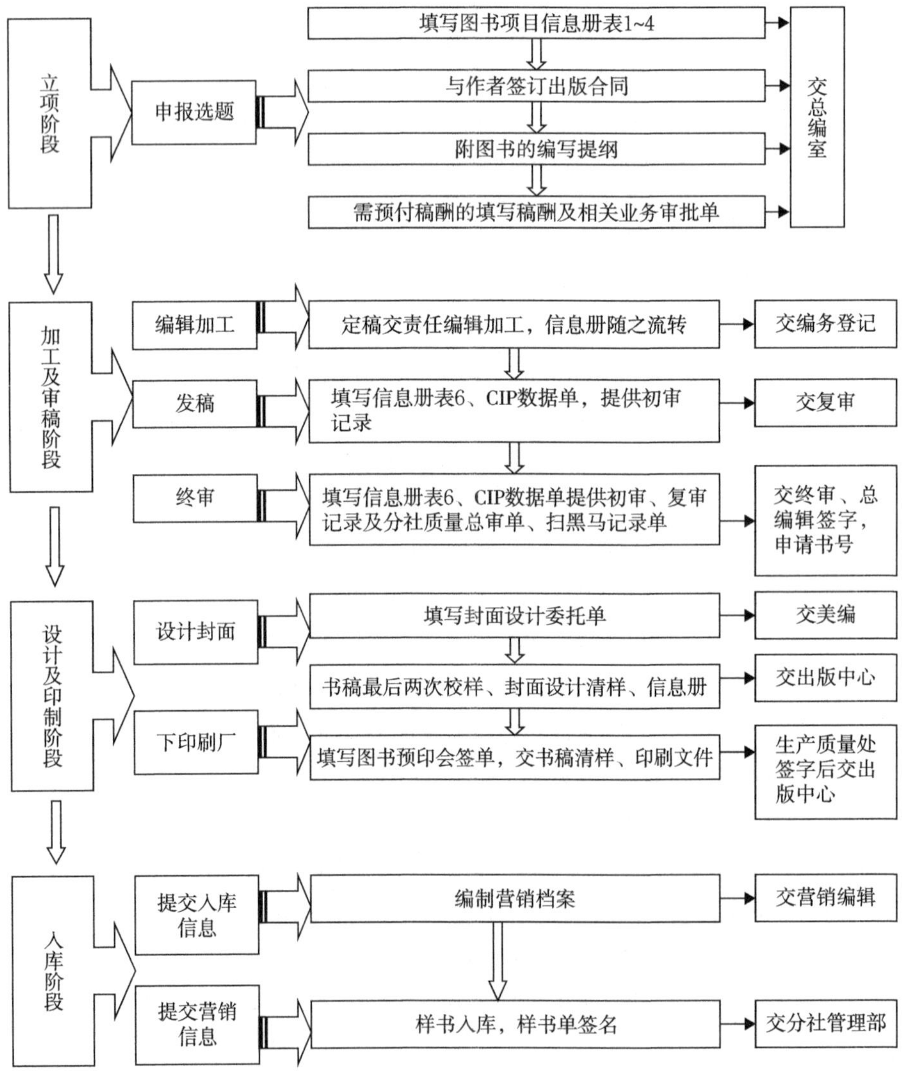


**图 2–1　某出版社责任编辑的主要工作**

## 三、图书编辑的主要工作

编辑工作依附于出版流程。一般来说，出版社图书编辑的主要工作包括以下方面。[1]

### （一）策划组稿

图书的策划组稿主要包括市场调查、确定选题、论证选题、预约书稿、订立约稿合同等环节。

1. 市场调查

（1）了解读者需求情况。确定拟策划选题的大致内容和读者对象及其实用功能（如备学、备查、备考等），预估读者能接受的拟策划图书的定价。

（2）了解同类图书情况。市场上如有与拟策划选题同类或近似的图书，可了解其编写和编辑思路、主要内容及特色、封面、版式、开本、印制工艺、篇幅、印张、定价及读者定位和销售情况等。

（3）征求发行中心的意见。在选题策划过程中，随时与发行中心保持沟通，并认真听取其意见，调整拟策划选题的内容和形式。

2. 确定选题

（1）通过调查比较充分了解市场需求后，确定拟策划选题的内容、形式、特点，同时选择合适的作者。

（2）撰写选题策划报告，详细填写选题申报单，包括书名、作者、读者对象、篇幅、定价、出版时间、主要内容及特色、成本核算及市场预测（如预计总销量、销售折扣和盈亏情况等）。

3. 论证选题

（1）将策划的选题首先提交编辑室论证，充分吸收编辑室内部的合理意见，修改、完善选题。

（2）编辑室内部论证通过后，将所策划的选题提交分管总编辑审查，按

---

[1] 编辑校对. 出版社编辑工作流程（详解）［EB/OL］.（2022-09-29）［2023-02-28］. https://mp.weixin.qq.com/s/nTuQYJ4QXaqeflwi7RzoZQ.

照分管总编辑的意见进一步修改、完善选题。

(3) 所策划的选题获分管总编辑同意后，交出版社编辑委员会论证，对编辑委员会的质询进行反馈。

4. 预约书稿

所策划的选题获出版社编辑委员会论证通过后，策划编辑根据编辑委员会的意见进一步修改、完善选题，并组织落实。同时，将有关信息报总编室，以便上报选题计划。

(1) 联系作者并向其说明选题策划的具体情况，尤其要说清楚选题的内容和特色，并让其按要求提供编写计划、编写体例和书稿样章。

(2) 审查作者提供的编写计划、编写体例和书稿样章等材料，并向其提出明确而详细的修改意见。

5. 订立约稿合同[1]

(1) 作者提交的编写计划、编写体例和书稿样章等通过审核后，即可与其订立约稿合同。约稿合同必须包括作者保证拥有著作权、作者不得将书稿交与第三方使用、交稿时间、总字数、稿酬标准和支付方式及时间、书稿编写要求等内容。

(2) 订立约稿合同流程：策划编辑按规范拟定约稿合同，待编辑室主任审查通过后交作者两份；作者签字交回合同，待编辑室主任签字后交总编室加盖合同章。合同原件一份交存总编室，一份给作者。编辑室主任及策划编辑留存复印件。

6. 督促作者按时交稿

(1) 订立约稿合同后，在作者撰稿过程中，策划编辑注意与其保持经常联系，了解书稿编写进度，督促作者按时交稿。

(2) 作者在撰稿过程中如遇到困难或问题时，策划编辑应力所能及地帮助其解决，以确保其按时交稿。

### (二) 审核稿件

收到作者完成的稿件后，要对书稿进行仔细检查。

---

[1] 唐晴. 图书编辑工作 ABC [M]. 北京：中国书籍出版社，2014.

1. 检查书稿是否“齐、清、定”

“齐”指书稿内容齐全完整，一般包括文稿、图稿和附件（前言、目录、后记、附录等）。其中，目录、正文是必不可少的。如果个别内容作者因故暂时无法交稿，那么应与其约定最后的交稿时间。

“清”指书稿字迹清楚，排版录入员能够辨识。现在，一般要求作者提供电子文稿及打印样。书稿中如有国际音标、古文字、少数民族文字、插图、表格等内容，要特别检查其是否正确、清晰。

“定”指作者交付的书稿是最后定稿，作者不能在出版过程中随意改动文稿，尤其不能大幅度改动。

2. 检查书稿是否达到约定的要求

如果书稿在篇幅、体例、内容和质量等方面未达到约定的编写要求，可以退作者修改。如果作者拒绝修改或经反复修改仍达不到要求，那么可做退稿处理并终止约稿合同，并按一定标准给付作者资料费。作者自行投稿的，一般不付退稿资料费。

如果作者交付的书稿达到约定的要求，那么可开始对书稿进行编辑加工。

3. 对自行投稿的处理

收到自行投稿，须交总编室登记，记录书稿名称、作者、篇幅、收稿时间，并尽快做出处理。根据《著作权法》，收稿后 6 个月内必须将处理意见通知作者，否则视为同意出版。如果认为书稿没有出版价值，即行退稿，并做退稿登记（注明退稿时间和退稿方式）。如果认为书稿有出版价值，那么填写选题申报单，并按程序进行选题论证。论证通过且正式发稿后，与作者订立图书出版合同；论证未获通过，则做退稿处理。

### （三）编辑加工

经过检查，确认作者所交书稿达到“齐、清、定”，并达到出版要求，即可开始编辑加工工作。与此同时，责任编辑要制订生产进度表，确保按时出书上市。图书的编辑加工一般须经过“三审”，即初审、复审、终审。[1]

[1] 张瑶. 图书出版项目化管理的应用研究［D］. 北京：华北电力大学，2011.

1. 初审

初审编辑一般应先翻阅书稿的目录、前言及部分正文，了解书稿的基本内容、编写特点、结构和体例等，然后再通读书稿，进行编辑加工。初审主要工作如下：

（1）改正书稿中出现的字词错误、读音错误、知识性错误、语法错误、逻辑错误、欧化中文、观点错误等。

（2）统一全稿体例，包括各级标题、格式、数字用法等。

（3）在书稿上标注需特殊制作的内容，如国际音标、古文字、少数民族文字、外文、插图、表格等。

（4）核查引文、出处和索引；核查参见、互见项目，核查配套内容或项目；核查有关专业知识；核对或核算参考答案。

（5）检点稿件，按顺序排次（外封、内封、目录、前言或编写说明、凡例、正文、参考文献、附录等），并自内封开始，按顺序填写页码。

（6）填写加工记录，并撰写审读报告，如对书稿的内容、特色、学术及文字水平、社会效益及经济效益、是否达到出版要求等进行评价。

2. 复审

初审完成后，由编辑室主任安排具备复审资格的编辑人员复审书稿。复审者要通读书稿。复审主要工作如下：

（1）检查初审的修改是否正确，改正初审改错的地方，以及初审者未发现的各种错误或不妥之处。

（2）在书稿上标明要求初审进一步核实、解决的问题。

（3）填写复审记录，并撰写复审报告，如对书稿和初审进行评价、说明是否建议发稿等。

3. 终审

责任编辑认真核实、解决复审者提出的相关问题后，将书稿、初审和复审意见、发稿单交总编室。总编室检查书稿是否“齐、清、定”，复审意见是否落实，发稿单填写是否完整具体等；如发现问题较多，可退责任编辑返工。之后，总编室可将书稿、初审和复审意见、发稿单交分管总编辑。分管总编辑本人或委托具备终审资格的人对书稿进行终审。终审主要工作如下：

（1）通读初审、复审意见和记录，检查初审、复审的修改是否正确。如果初审、复审的问题较多或初审、复审后书稿遗留的问题仍较多，可以退初审编辑或复审编辑返工。

（2）抽读部分书稿，判断书稿质量；如认为书稿质量未达到正式出版要求或存在方向性错误，退责任编辑与作者商定修改或退稿。

（3）撰写终审意见，对书稿及初审、复审进行评价，说明是否同意发稿；若同意发稿，就在发稿单上签字。

### （四）发稿

1. 填写发稿单和美术设计通知单

通过“三审”后发稿，责任编辑填写发稿单和美术设计通知单。

发稿单应填写的内容包括书名（如为丛书，应有丛书名），作者（须出现在封面上的作者名单），著作方式（著、编、编著），书稿规模（含总字数、开本、预计印张数），读者对象，内容提要，建议定价（含印张定价），出版时间等。其中，读者对象（含机构对象）的表述必须具体，如“（六年级）小学生”“（八年级）初中生”“高考文科考生”“语言文字专业研究生”“昆曲爱好者和研究者”“唐诗（杜诗）研究者”“中学图书馆或资料室”等，不宜出现“中等文化以上读者”之类的表述。内容提要应扼要介绍书稿的主要内容，突出其区别于同类图书的特点。对于学术著作，要指出其学术特色和学术地位；对于工具书，要重点介绍其内容范围、编排体例、编写特点等，强调其实用价值；对于教辅图书，要强调其内容的亮点、编写体例的特点；对于教科书，各册、各单元和各篇课文都要撰写内容提要。

一般来说，图书内容提要的类型主要有三种：一是叙述型提要。该类提要介绍图书的主题思想、内容范围、类型特点及编写体例等，偏重对图书主题内容的概括，指出图书研究的对象、阐述的问题，目的是使读者在阅读图书之前先对其内容有大概的了解。二是推荐型提要。该类提要在介绍图书基本内容的同时，对其主要成就、思想意义、学术价值及区别于同类图书的特色等进行简要、恰当的评价，或对其写作宗旨、读者对象进行说明。其目的有两个：一是点明图书的重要意义和影响，积极向读者推荐，引发其阅读兴趣；二是指出图书的读者对象，便于读者通过内容提要选择图书。学术著作等适合这种类型的内容提要。三是罗列型提要。该类提要主要汇录图书的章节名称，有时为指出潜在而有价值的内容，还可对重要的附录加以说明，可直接反映图书的结构，使读者对其内容一目了然，但对内容的价值体现不够深刻。文集、论文集、文献汇编等适合这种类型的内容提要。[1]

教材内容提要的类型：一是册的提要，揭示教材的编写意图、主要内容、体例等；二是单元提要，包括单元设置意图、主要内容、单元教学建议等；三是课文提要，揭示选文意图，本课教学的重点、难点及文章的时代背景、作者的创作动机、有关评论等。

2. 交总编室检查

编辑室主任检查书稿、初审和复审意见并在发稿单上签字后，责任编辑将书稿、初审和复审意见、发稿单、美术设计通知单交总编室。

3. 交分管总编辑终审

总编室检查、确认发稿所需项目齐全后，将书稿、初审和复审意见、发稿单、美术设计通知单交分管总编辑终审。

4. 正式发稿

分管总编辑本人或委托人在发稿单上签字同意发稿后，总编室做发稿登记，并在发稿单上写明“实名书号”。总编室留存初审和复审意见、一份发稿单、一份美术设计通知单，并将剩余发稿资料一并交责任编辑，同时申请图书在版编目（CIP）数据。

责任编辑将书稿和一份发稿单、一份美术设计通知单交出版部，并分送财务室、发行中心各一份发稿单，自己留存一份发稿单、一份美术设计通知单。

5. 订立出版合同

正式发稿后，要与书稿的著作权人订立图书出版合同（程序和要求与

[1] 唐晴. 图书编辑工作 ABC［M］. 北京：中国书籍出版社，2014.

订立的约稿合同大致相同）。出版合同的内容应包括作者保证拥有著作权、承担由此产生的一切责任并授权出版社出版，出版社拥有专有出版权（作者不得将书稿交予第三方使用），总字数，出版时间，稿酬标准和支付方式及时间，合同有效期（一般表述为“图书正式出版后××××年”，一般不低于 5 年）等。

6. 填写变更通知单

发稿后原则上不能变更书名、署名、开本、设计形式等。如确需变更，须经分管总编辑同意，并由责任编辑填写变更通知单，交总编室、出版部、发行中心、财务室各一份，责任编辑留存一份。

## （五）美术设计

美术设计分为外观形态（封面、扉页、封底、书脊）设计和正文版式设计。外观形态设计实行“三审制”。

进行美术设计前，美术编辑须通读发稿单、美术设计通知单，翻阅书稿，并与责任编辑沟通，明确图书的读者对象，了解书稿的大体内容及编写体例，了解责任编辑对书稿美术设计的具体要求。

1. 安排美术编辑

出版部收到书稿和发稿单、美术设计通知单后，应按责任编辑的要求（如无明确要求，则由出版部自行指派）安排美术编辑负责书稿的美术设计。

2. 正文版式设计

正文版式设计要做到眉目清晰、美观大方。书稿正式发排前，美术编辑应设计出若干正文版式样张，经责任编辑签字同意后方可正式排版。

3. 外观形态设计

美术编辑设计出封面、扉页、封底、书脊样稿后，应填写封面设计审批单（说明设计意图），并将设计样稿（小样）、封面设计审批单连同发稿单、美术设计通知单交给设计管理人员初审。

（1）初审：设计管理人员了解责任编辑对美术设计的要求、美术编辑的设计意图等后，审阅设计样稿，检查设计是否存在明显不妥，并在封面设计审批单上填写初审意见（评价设计质量）。

美术编辑参考设计管理人员的意见对设计样稿进行修改，将修改后的设计样稿、封面设计审批单交责任编辑复审。

（2）复审：责任编辑了解设计意图、初审意见，审阅设计样稿，检查是否达到设计要求，填写复审意见（表明是否建议发稿）。

美术编辑参考责任编辑的复审意见修改设计样稿，并将修改后的设计样稿交分管领导终审。

（3）终审：分管领导审阅设计样稿，检查是否符合出版社图书的整体风格，填写终审意见（表明是否同意发稿）。

（六）校对

书稿的校对一般包括三个校次（辞书和教材可为多个校次）、通读清样、核红等环节。确需增加校次时，应经分管总编辑同意。责任编辑一般只看一个校次（如三校样），辞书和教材的责任编辑可看两个校次，但一般不得看连续的两个校次。在校对过程中，如发现需录排人员特别注意的地方，应具体写明。

1. 一校、二校

一校、二校一般由出版部安排人员承担，责任编辑可推荐人选；应采取折校等方法，确保校样和原稿一致；在校对中发现原稿问题，应以铅笔标出；一校、二校提出的问题由责任编辑负责解决。

2. 三校（四校）

三校（四校）一般由责任编辑完成。其工作内容包括将校样与原稿逐字逐行核对；统一全书体例；梳理全书版式；补齐所缺内容，如造字、插图、表格等；完成专项核查。对于教材，应专项核查拼音注音、生字表、注释等内容；对于辞书，应专项核查检字表和索引等的页码、参见项、另见项、配套条目等内容；对于教辅，应专项核查参考答案（是否与题目对应、是否正确）等内容。

三校（四校）尚允许动版，可以对内容进行局部改动。

3. 通读清样

通读清样一般由责任编辑完成。其工作内容包括通读全部书样，改正错别字；核对目录、索引和正文，填写页码（如目录页码、索引或检字表页码、参见页码及另见页码等）；补版（如避免出现单字行等，辞书尤应注意）。

清样一般不允许改动版面。

4. 核红

核红一般由责任编辑完成。其工作内容包括核对清样上要求改正的地方是否改正，核对所填写的页码是否正确。

5. 检查版权页

检查版权页一般由出版部负责。责任编辑可要求检查版权页上的文字是否正确，主要包括书名、作者姓名、著作方式、在版编目（CIP）数据、定价等。[1]

### （七）签字定稿

责任编辑确定书稿无须改动后，在清样上签字同意，并交总编室抽查编校质量。总编室签字认可后，责任编辑将签字清样交出版部送印厂。

### （八）样书检查

在图书正式装订之前，责任编辑应检查出版部的送检样书，检查印制、装订是否符合要求，样书的印装是否存在次序颠倒、页码错乱等问题。如发现样书存在重大错误，要及时与出版部沟通，通知印厂停止装订，并采取措施补救。

### （九）重印审读

图书首次重印前，总编室可视情况，委托社内、外具有高级职称的编辑人员（含具有高级职称的离退休者）对图书进行审读，检查图书质量，提出修改意见。责任编辑应汇总、核查有关各方提出的修改意见，将须修改、修订的内容标记在重印样书上，同时将须改动内容所在的页码填写在重印单上，并将重印样书、重印单交出版部。

某出版社图书出版工作流程如图 2-2 所示。

---

[1] 唐晴. 图书编辑工作 ABC［M］. 北京：中国书籍出版社，2014.

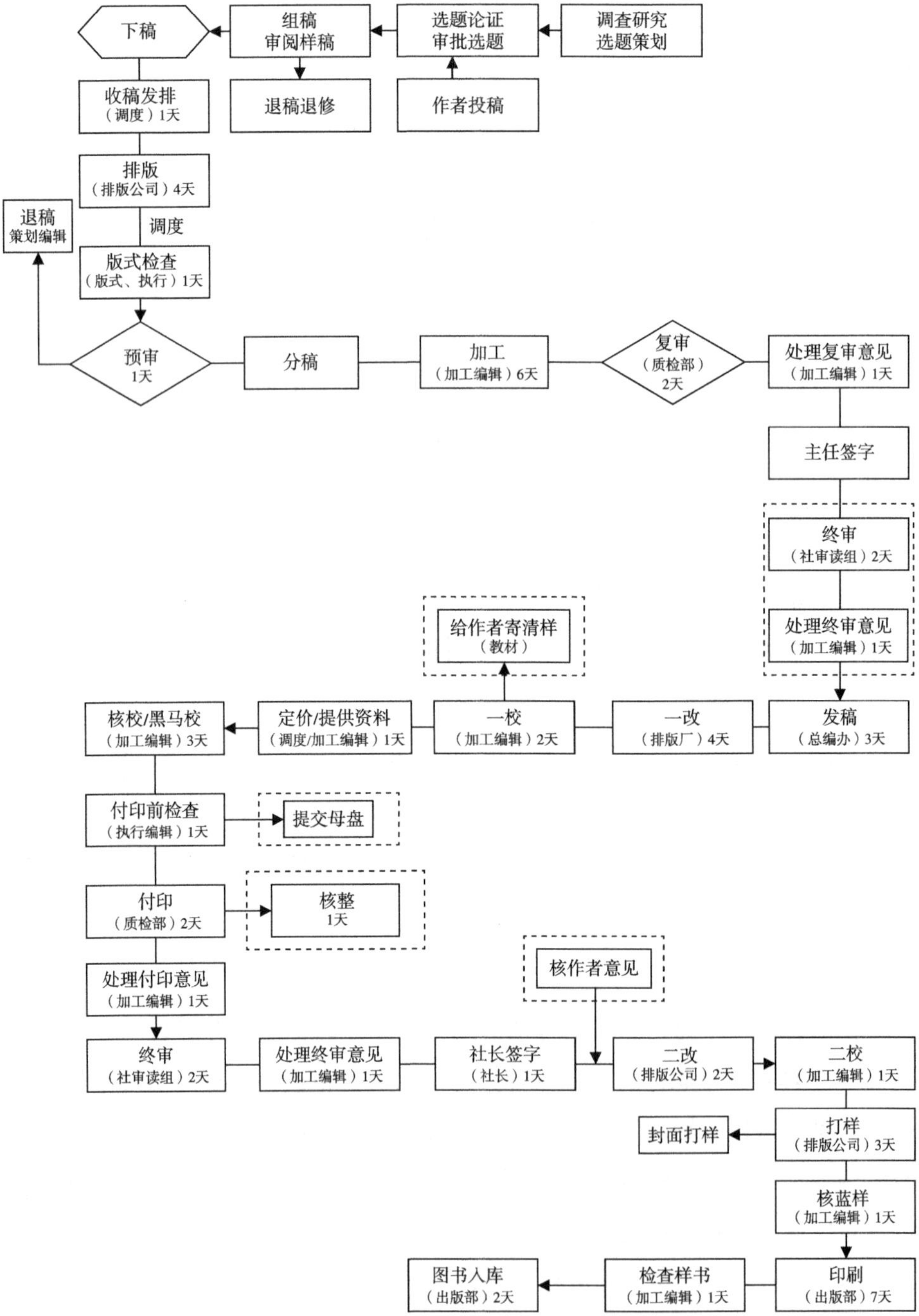


**图 2-2　某出版社的图书出版工作流程**

# 第三章

# 出版工作相关文件

编辑工作的开展是由编辑人员结合稿件逐步推动的。编辑收到作者的稿件后，需要对其进行编辑加工，如对标点符号使用错误、语言文字错误等的修改，知识性错误、语言风格等也在编辑加工范围内。这些具体工作的开展，需要编辑有章可循、有据可依，需要准备一系列的业务文件，因此有必要对出版工作的相关文件，尤其是编辑工作的相关文件进行重点介绍。

## 第一节　编辑业务文件

为了完成编辑工作，编辑部、编辑人员需要分别和其他部门人员进行对接，同时需要对出版过程中的每一个工作环节进行质量控制，确保出版工作能够有条不紊、有章可循地进行。这就需要对编辑工作进行规范化管理。除出版社的人员管理、流程管理、制度管理之外，编辑工作中最基本的管理是编务管理。编务管理主要通过一系列业务文件对处于整个出版流程中的稿件进行全程管理。

以某出版社教材出版中心为例，在教材出版过程中相关业务文件有图书选题审查意见、教材进度安排、样章编写要求、目录及样章模板、目录和样章修改意见、书稿样章审核报告、封面模板、内容提要模板、前言模板、合同填写注意事项、合同附件建议范本、作者校样附言、授权委托书、社内版合同审签单、图书初审规范、专家审稿要求、图书初审报告单（附编辑加工要求)、音像电子出版物初审表、音像电子出版物复审表、音像电子出版物终审表、稿酬分配等。

这些编辑业务文件的内容和执行贯穿于编辑工作始终，保障编辑工作在流程规范上有章可循。在各种编辑业务文件中，较为重要的文件是图书选题报告和审读报告。

## 第二节 图书选题报告

图书选题报告能够系统、全面地反映选题的价值及图书出版的可能性与可行性。编辑所提出的选题往往是从某些信息或线索开始的，只有将这些信息或线索不断完善以达到支撑选题报告的程度，才能说明这些信息或线索值得继续深挖、完善，从而形成选题，最终成为图书。

在行文上，图书选题报告是一种线索或信息成为图书选题的过程性文件。在出版流程中，图书选题报告需要通过编辑部、总编辑等层层论证，集中多人的智慧，从多个角度考虑可行性。只有通过论证后的选题，才能进入出版流程中的下一个环节。

图书选题报告通常包含以下内容。

（1）选题名称通常是最终的书名。

（2）提出选题的原因、依据及目的，如说明策划选题的原因、希望通过实施选题达到什么目的、客观的依据有哪些等。

（3）选题价值。对选题的学术价值、出版价值做简要的分析和说明。

（4）选题的形成过程。对选题如何产生进行简要说明。

（5）选题的内容及形式设想。介绍未来图书的主题、类型和特点，并概括说明内容的大体范围和重点、写作的体裁和篇幅及图书成品的整体设计等。

（6）读者对象。说明选题的目标读者群体及其对图书的需求情况。

（7）拟请的作者。提出约请哪位或哪些作者的设想，并简要介绍作者情况，如工作单位、专业技术职务、学术水平、研究或创作成果、写作能力和写作风格等。

（8）与同类出版物的比较。通过比较分析，说明该选题在内容或表达方式上的新特点，展示其竞争力。

（9）时间安排。说明估计交稿时间、发稿时间和出版时间即可。

（10）效益预测包括社会效益预测和经济效益预测。社会效益预测要依据该选题的学术价值或文化价值，说明该图书的出版能够对先进生产力的发展、对先进文化的前进和对中国最广大人民的根本利益产生哪些积极作用。经济效益预测主要运用本量利分析方法，在对印数做出估算的基础上分析资金投入、产出状况。

（11）市场营销建议。可以对不同阶段的图书宣传要求和方式、营销的策略等做前瞻性的说明。

（12）其他方面情况。

图书选题报告通常有报告书、表格两种形式。报告书形式的选题报告需要对图书的各方面情况进行说明，分层次展开介绍即可。表格形式的选题报告为常见形式，各种表格的设置是对图书各方面的详细区分。

只有选题报告书越详细、缜密，选题论证越深入，图书选题通过论证的可能性才能越大。下面是两份选题报告表格，它们的详略程度虽有不同，但都从多个角度和层次阐述选题（见表 3-1、表 3-2）。

**表 3-1　某教育出版社图书选题报告**

<table>
<tr><td>图书类型</td><td>1. 专著</td><td>2. 教材</td><td>3. 教学参考书</td><td>4. 论文集</td><td>5. 工具书</td><td>6. 其他</td></tr>
<tr><td colspan="7">内容简介（200 字以内）：</td></tr>
<tr><td colspan="7">图书使用情况（如是教材、教学参考书，请填写适用专业、作为讲义的使用次数及使用效果等；如是专著、论文集，请填写在生产建设中的作用、在学术界产生的影响等）</td></tr>
<tr><td colspan="7">内容相似图书的出版情况（包括书名、作者、出版社、出版时间等）：</td></tr>
</table>

续表

<table>
<tr><td colspan="7">本书申请出版的理由、与同类图书比较具有的特色：</td></tr>
<tr><td>适用读者对象</td><td colspan="4"></td><td>开本</td><td></td></tr>
<tr><td>首 印 数</td><td></td><td>预计总销量</td><td></td><td>有无经费支持及金额</td><td colspan="2"></td></tr>
<tr><td>估计字数</td><td>万</td><td>交稿时间</td><td></td><td>建议出版时间</td><td colspan="2"></td></tr>
<tr><td colspan="7">第一作者简介（姓名、性别、年龄、职称、学历、主要学习及工作经历、主要著作及科研成果）：</td></tr>
<tr><td colspan="7">其他作者简介（姓名、性别、年龄、职称、学历、主要著作及科研成果）：</td></tr>
<tr><td colspan="7">推荐单位或专家意见：</td></tr>
<tr><td colspan="7">编辑部意见：</td></tr>
<tr><td colspan="7">总编辑意见：</td></tr>
</table>

**表 3-2　某工业出版社图书选题申报单**

<table>
<tr><td colspan="2">选题名称</td><td colspan="2"></td><td>选题批准号（选题批准后填写编号）</td><td></td></tr>
<tr><td colspan="2">申报部门</td><td colspan="2"></td><td>责任编辑</td><td></td></tr>
<tr><td rowspan="8">选题基本情况</td><td>计划交稿时间</td><td colspan="2"></td><td>计划出版时间</td><td></td></tr>
<tr><td>选题来源</td><td colspan="4">□组稿　□推荐稿　□自投稿</td></tr>
<tr><td>专业大类</td><td></td><td rowspan="2">功能类别</td><td colspan="2" rowspan="2">□实用技术　□专著　□工具书　□职业培训　□科普　□教材　□其他</td></tr>
<tr><td>专业小类</td><td></td></tr>
<tr><td>目标读者群（仅供非教材类）</td><td colspan="2"></td><td>教材层次（仅供教材类）</td><td>□研究生　□本科<br>□高职高专　□中职<br>□其他</td></tr>
<tr><td>丛书名或多卷书名</td><td colspan="4"></td></tr>
<tr><td>丛书或多卷书情况</td><td colspan="4">（注明本套书计划品种、已报批选题、出书品种名称等情况）</td></tr>
<tr><td> </td><td></td><td colspan="4"></td></tr>
<tr><td rowspan="7">著者、编者、译者情况</td><td>姓名</td><td colspan="4">工作单位和职务、职称</td></tr>
<tr><td></td><td colspan="4"></td></tr>
<tr><td></td><td colspan="4"></td></tr>
<tr><td></td><td colspan="4"></td></tr>
<tr><td></td><td colspan="4"></td></tr>
<tr><td></td><td colspan="4"></td></tr>
<tr><td></td><td colspan="4"></td></tr>
<tr><td rowspan="2">推荐情况</td><td>推荐人姓名</td><td></td><td>工作单位、职务、职称</td><td colspan="2"></td></tr>
<tr><td>推荐意见附件名称</td><td colspan="4"></td></tr>
</table>

续表

| | |
|---|---|
| 外社相关图书现状与特点 | （注明同类图书的书名、作者、出版社、出版时间、总印次、定价、特色等） |
| 本社同类图书与选题情况 | （对于名称或内容类似的图书与选题，需从内容、特色等方面对比分析，并说明其市场销售情况） |
| 选题的内容与特点 | （简要说明特点，提纲另附。关于新学科或新技术的选题，应对当前该学科或技术的国内外发展状况、普及程度、应用前景等予以说明；与国家重点研究项目等相关的选题应予说明；修订类选题应说明主要修订内容） |
| 选题背景、市场需求分析及报选意图 | （教材选题应说明适用的主要专业和相关专业、对同类教材市场总需求及本教材的市场估计，如有已经决定或意向用书的学校及其用量，请予说明） |
| 营销方案（只填特殊建议及特有宣传渠道） | |

**续表**

<table>
<tr><td rowspan="6">市场预测与成本分析</td><td>字数</td><td>万</td><td>开本</td><td></td><td>装订</td><td colspan="3">□平胶 □假精 □精装 □精装加护封</td></tr>
<tr><td colspan="2">特殊制作要求</td><td colspan="6"></td></tr>
<tr><td>首印数</td><td>册</td><td>首印销售期</td><td>年</td><td>预计总销量</td><td>册</td><td>总销售期</td><td>年</td></tr>
<tr><td>基本稿酬</td><td>元/千字</td><td>版税率</td><td>%</td><td>直接成本</td><td colspan="3">万元</td></tr>
<tr><td>定价</td><td>元</td><td>首印码洋</td><td>万元</td><td>首印实洋</td><td colspan="3">万元</td></tr>
<tr><td>税后毛利</td><td>万元</td><td>间接费用</td><td>万元</td><td>纯利润</td><td colspan="3">万元</td></tr>
<tr><td rowspan="3">其他收入</td><td>资助款</td><td>万元</td><td>付款时间</td><td></td><td rowspan="2">资助方<br>附加要求</td><td colspan="3" rowspan="2"></td></tr>
<tr><td>资助单位</td><td colspan="3"></td></tr>
<tr><td>计划广告</td><td>面</td><td colspan="3">计划广告收入</td><td colspan="3">万元</td></tr>
<tr><td colspan="2">配套产品</td><td colspan="7">□随书附盘 □另行销售盘 □其他产品</td></tr>
<tr><td rowspan="8">引进版权图书选填项目</td><td colspan="2">原著名称</td><td colspan="6"></td></tr>
<tr><td colspan="2">原著作者</td><td colspan="2"></td><td colspan="2">原著版次</td><td colspan="2">第 版</td></tr>
<tr><td colspan="2">原著出版公司</td><td colspan="2"></td><td colspan="2">原著出版年份</td><td colspan="2"></td></tr>
<tr><td colspan="2">原著开本（宽×高）</td><td colspan="2"></td><td colspan="2">原著总页码</td><td colspan="2">页</td></tr>
<tr><td colspan="2">原著印刷方式</td><td colspan="6">□黑白印刷 □个别彩色插页 □全彩色印刷</td></tr>
<tr><td colspan="2">引进出版方式</td><td colspan="6">□翻译 □影印</td></tr>
<tr><td colspan="2">引进印刷方式</td><td colspan="6">□黑白印刷 □个别彩色插页 □全彩色印刷</td></tr>
<tr><td colspan="2">国外出版公司推荐意见、媒体评价及同类图书出版情况</td><td colspan="6"></td></tr>
<tr><td rowspan="4">修订选题选填项目</td><td colspan="2" rowspan="3">历版印数及销售情况</td><td colspan="6">上一版为 年首次印刷的第 版，该版共印 次，累计印 册</td></tr>
<tr><td colspan="6">末次印刷为 年 月 第 次印刷，印 册</td></tr>
<tr><td colspan="6">末次印刷 定价 元，篇幅 千字</td></tr>
<tr><td colspan="2">作者及版权情况</td><td colspan="6"></td></tr>
</table>

续表

<table>
<tr><td>附件</td><td colspan="2">□著者、编者、译者登记表　份　□编写提纲<br>□编著选题推荐意见　份　□引进版图书推荐意见　份<br>□作者提供的编著情况说明　□其他附件</td></tr>
<tr><td colspan="2">申报人签字</td><td>年　月　日</td></tr>
<tr><td rowspan="5">申报部门意见</td><td rowspan="3">选题小组成员意见</td><td></td></tr>
<tr><td></td></tr>
<tr><td></td></tr>
<tr><td>编辑部主任意见</td><td>签字：　年　月　日</td></tr>
<tr><td>部门主任意见</td><td>签字：　年　月　日</td></tr>
<tr><td colspan="2">发行部意见</td><td>签字：　年　月　日</td></tr>
<tr><td colspan="2">市场营销部意见</td><td>签字：　年　月　日</td></tr>
<tr><td colspan="2">总编辑意见</td><td>签字：　年　月　日</td></tr>
<tr><td colspan="2">社长意见</td><td>签字：　年　月　日</td></tr>
</table>

通过论证的选题，编辑可以进行组稿等相关工作。

# 第三节　审读报告

根据组稿情况，责任编辑需要组织相关编辑进行审稿。

“三审制”是出版社保证出版物质量的重要工作制度，相关的审稿意见也是重要的业务文件。此外，书稿著者、译者的专业背景、工作经历等也是保证出版物质量的重要因素。

虽然各家出版社图书的三审意见的形式不同，但是审读的重点基本是一致的。表 3-3～表 3-8 为不同出版社的审读意见。

**表 3-3　某出版社的审读意见**

稿件名称：　　审读人：　　审次说明：　　起止时间：

审读反馈：　　反馈时间：

| 审读重点 | 审读意见、建议（举例说明） | 审读意见反馈 | 最终执行方案 |
|---|---|---|---|
| 政治风险审读 | | | |
| 章节内容与读者需求契合性审读 | | | |
| 内容扣题性审读 | | | |
| 章节结构合理性审读 | | | |
| 正文体例设置审读 | | | |
| 行文风格审读 | | | |
| 主题分页状况审读 | | | |
| 前言审读 | | | |
| 目录标题文字审读 | | | |
| 行文规范性审读 | | | |
| 知识正确性审读 | | | |
| 工作细致性审读 | | | |
| 版权风险审读 | | | |
| 文稿要素审读 | | | |
| 文稿格式审读 | | | |

**表 3-4　某出版社的稿件审读意见及加工要求**

<table>
<tr><td rowspan="2">丛书名</td><td rowspan="2"></td><td rowspan="2">稿件名称</td><td rowspan="2" colspan="2"></td><td>新稿</td><td></td></tr>
<tr><td>修订稿</td><td></td></tr>
<tr><td>选题号</td><td></td><td>作者</td><td></td><td>联系方式</td><td colspan="2"></td></tr>
<tr><td>版、印次</td><td></td><td rowspan="3">稿件形式</td><td>手写稿</td><td></td><td>修订幅度</td><td></td></tr>
<tr><td>收稿日期</td><td></td><td>电子稿</td><td></td><td rowspan="2">文前页码<br>（含目录页）</td><td rowspan="2"></td></tr>
<tr><td>估计字数</td><td></td><td>手写稿+电子稿</td><td></td></tr>
<tr><td rowspan="2">审读意见</td><td colspan="6">稿件内容是否达到齐、清、定的要求　是□　否□<br>是否需要等待教材信息　是□　否□<br>稿件是否符合篇幅要求　是□　否□<br>稿件是否存在政治性、思想性问题　是□　否□<br>稿件是否涉及著作权问题　是□　否□<br>是否需要审稿和演算习题　是□　否□<br>如需寄作者样，请写明原因　教材改动□　新书□　修订量超过 50%□<br>其他原因：</td></tr>
<tr><td colspan="3">1. 本次修订或编写重点（概括写出策划思路、栏目特点、修订侧重等内容）<br>2. 稿件修订或编写内容质量判断（是否达到原选题设想、修订是否到位、质量如何）</td><td colspan="3"></td></tr>
<tr><td rowspan="4">加工要求</td><td colspan="3">加工重点（加工时需要注意的问题）</td><td colspan="3"></td></tr>
<tr><td colspan="3">要求印刷时间</td><td colspan="3"></td></tr>
<tr><td colspan="3">印张要求（初、二校前确定，留出上下 0.5 个印张的浮动空间）</td><td colspan="3"></td></tr>
<tr><td colspan="3">体例要求</td><td colspan="3">□按之前体例格式　□重新设计（原稿已附样张和体例）　□重新设计（原稿暂无附样张和体例，于下面做出说明）<br>补充说明：</td></tr>
</table>

续表

| | |
|---|---|
| 策划编辑 | 稿件上述各方面已经仔细审读，符合策划思路，达到“齐、清、定”要求，建议按照要求进行加工<br><br>签字：　　　　日期： |
| 策划中心经理 | 签字：　　　　日期： |

注：以上内容应由策划中心完整、准确、到位填写，否则会影响正常发稿。

**表 3-5　某出版社原稿审读记录**

稿件名称：

<table>
<tr><td colspan="5">起始时间：　年　月　日　　结束时间：　年　月　日</td></tr>
<tr><td>页码</td><td>行数</td><td>稿件问题</td><td>修改意见</td><td>备注</td></tr>
<tr><td></td><td></td><td></td><td></td><td></td></tr>
<tr><td colspan="2">稿件初审评价</td><td colspan="3">（记录页码和稿件情况，评价作者写作水平、文字表述、图表质量、修订方式等是否合格，体例、结构是否符合策划要求，判断稿件能否进入后续环节）</td></tr>
<tr><td colspan="2">加工编辑</td><td colspan="3">□我确认该稿件各方面符合加工要求，可以加工<br><br>签字：　　　　日期：</td></tr>
</table>

续表

<table>
<tr><td>加工总结</td><td></td><td>排版公司</td><td></td></tr>
<tr><td>退稿说明与修改建议</td><td colspan="3">□稿件存在以下问题，建议退稿或修改（意见要明确、具体）<br><br>签字：　　　　　日期：</td></tr>
<tr><td>编辑加工部负责人</td><td colspan="3">（如稿件由编辑加工部以外的人员加工，则此栏由加工人员所属部门的负责人签字）<br>签字：　　　　　日期：</td></tr>
<tr><td>公司主管领导</td><td colspan="3"><br>签字：　　　　　日期：</td></tr>
</table>

注：①加工环节初审通过后，加工人员再对原稿进行加工整理，做好加工总结，方可发排。②如需退稿，须送公司主管领导签字审核；如稿件初审、复审没问题，只需编辑加工部负责人签字即可。

**表 3–6　某出版社稿件加工记录**

稿件名称：

<table>
<tr><td colspan="5">校样状态：初、二校样<br>起始时间：　年　月　日　　　结束时间：　年　月　日</td></tr>
<tr><td>页码</td><td>行数</td><td>稿件问题</td><td>修改意见</td><td>备注</td></tr>
<tr><td></td><td></td><td></td><td></td><td></td></tr>
</table>

续表

| | |
|---|---|
| 加工总结（一一记录审读、处理校样、外审、作者样、核对、排版、校对、黑马、页码等情况） | |

**表 3-7　某出版社校样处理记录**

稿件名称：

<table>
<tr><td colspan="5">校样状态：三校样<br>起始时间：　年　月　日　结束时间：　年　月　日</td></tr>
<tr><td>页码</td><td>行数</td><td>校样问题</td><td>修改意见</td><td>备注</td></tr>
<tr><td></td><td></td><td></td><td></td><td></td></tr>
<tr><td>加工总结（审读、处理校样、作者样，核对、排版、校对、黑马、页码等情况）</td><td colspan="4"></td></tr>
<tr><td colspan="5">校样状态：核红<br>起始时间：　年　月　日　结束时间：　年　月　日</td></tr>
<tr><td>页码</td><td>行数</td><td>校样问题</td><td>修改意见</td><td>备注</td></tr>
<tr><td></td><td></td><td></td><td></td><td></td></tr>
</table>

续表

| | | | | | | |
|---|---|---|---|---|---|---|
| 加工总结（审读、处理校样、作者样，核对、排版、校对、黑马、页码等情况） | | | | | | |
| 核片[1]记录 | 出片时间 | | 共出片　　页（目录页，独立排页码内容页） | | | |
| | 退片时间 | | 共补片　　页（编加原因页，排版公司原因页） | | | |
| | 开本 | | 色数 | | 是否出血 | |
| 实际加工量核算及具体说明 | | | | | | |

注：实际加工量是正常加工量与额外工作量（如加工过程中稿件有大幅度改动、解决编写范畴内存在的问题等）的总和，折合成全稿加工量的百分比呈现。

**表 3–8　某出版社稿件终审记录**

| | | | | |
|---|---|---|---|---|
| 丛书名： | | | 书名： | |
| 校次： | | 校样页码： | 总字数： | 加工编辑： |
| 审读时间： | | 审查页码： | 审查字数： | 终审人： |
| 页码 | 行数 | 校样问题 | 修改意见 | 备注 |
| | | | | |
| | | | | |
| | | | | |
| | | | | |
| | | | | |
| | | | | |
| | | | | |
| | | | | |

[1] 印刷制版所用的胶片也称菲林，用胶片晒 PS 版即可上机，印刷的工艺流程为：原稿→输出胶片→制版→打样→印刷→印后加工→成品。虽然目前数字直接制版技术发展迅速，但完全普及应用还需要时间。大规模、大批量印刷流程中的胶片仍是印刷的关键环节之一。

**续表**

| | |
|---|---|
| 稿件质量<br>审查评价 | 签字：　　　　日期： |
| 公司主管<br>领导意见 | 签字：　　　　日期： |

注：①终审时间一般不超过 3 天。②终审稿件应要件齐全，附有完整的审读加工单。③终审人应在政治性、思想性、法律法规、方针政策、出版价值等方面对稿件进行把关。④在充分了解初审、复审、加工情况的基础上，对一般稿件可做重点抽查审读，对重点或特殊稿件要全面审读，最后对稿件整体加工质量做出判断。⑤注意对目录、书眉等关键内容把关。

# 第四章

# 图书编辑工作

编辑工作通常被称为“编辑六艺”，包括围绕书稿开展的选题策划、组稿、审稿、编辑加工、校对、发稿等具体工作。每一项具体工作的开展都需要编辑付出极大的努力。

## 第一节　编辑六艺

自现代出版制度确定以来，出版工作建立了以信息采集与选题策划、组稿、审稿、编辑加工、审定发稿、校样审读为主的传统编辑模式。

信息采集是编辑工作的出发点。编辑需要的信息可分为一般信息和专业信息两类。一般信息包括社会发展信息、社会文化信息。专业信息包括出版市场信息、竞争对手信息、作者信息、读者信息。信息采集有助于出版者把握图书市场的发展趋势，有助于确定出版物的科学设计、判断和加工稿件内容及制定营销方案。

选题策划的质量是关系出版物最终能否顺利出版的重要环节。选题策划主要包括基础准备（对信息采集结果的筛选和使用）、选题设计（明确市场定位，初步确定选题的价值，设计出版物的内容结构和物质形态）、选题论证（通过集体论证确定列入出版单位的生产计划）、选题优化（修改和调整选题、增强选题的针对性和可操作性）等工作。选题策划是编辑工作与出版工作的基础，它的作用是把握出版工作方向，具体落实出版工作方针，保障出版生产秩序，保证和提高出版物的质量，塑造出版单位的品牌形象。

组稿是落实和完善选题的必要途径，又是建立作者队伍的基本手段。组稿的步骤是组稿的准备、联系作者、商讨撰稿事宜、确定约稿关系。组稿的方式主要有个别约稿、社会征稿、群体集稿等。

审稿是对稿件进行审读、评价、决定取舍，以及对可接受出版但需要修改的稿件提出修改要求和建议的编辑活动。审稿在稿件处理的各个环节中都有体现，包括审读、审改和审定等工作内容。

签订出版合同。依据《中华人民共和国著作权法》的规定，与作者协商后应签订出版合同，以明确约定出版单位与作者的权利和义务，维护双方的合法权益。出版合同一般应在稿件经审读决定接受出版时，由责任编辑代表出版单位与作者协商后草拟，经出版单位法定代表人审核后正式签订。

编辑加工整理是对已决定采用的稿件再次从各个方面进行审核并作修改润饰和规范化处理的活动，以进一步完善稿件、提高质量。加工整理是编辑人员发挥创造性、主动性的编辑工作环节，也是体现编辑人员能力的地方。编辑人员不仅要规范、整理、提高作者的稿件，还要亲自撰写各种辅文。

审定发稿是将完成编辑加工整理的稿件按一定要求整理，并填写各种必备的格式文件提交审定，然后根据审定意见发往有关部门安排印制或对稿件做相应处理并再提交审定后发往有关部门安排印制。完成编辑加工整理后的稿件，应先交责任编辑复查确认，然后再逐级送请具备复审、终审资格的人员审定。发稿的稿件必须达到“齐、清、定”这一基本的要求。发稿的时候应该依次做好下列工作：稿件整理（复查稿件、清稿誊抄、检点稿件、编排次序），稿件发出（随附发稿单、图书装帧设计单、图书在版编目数据申报单、征订单等）。

发稿后的工作。发稿后，责任编辑还要做好校样处理、样书检查、图书宣传、收集反馈消息，以及建立书稿档案等后续工作。其中，校对工作包含两层意思：其一，校对工作的依据是经过编辑加工整理的原稿；其二，校对的职责是既要根据原稿发现、订正校样中的差错，又要注意原稿本身可能存在的差错并提请责任编辑核实后做出适当处理。校对的目的是校异同（显真保值）、校是非（纠错增值）。

具体的编辑业务就是围绕“编辑六艺”，结合出版社的规章制度，由编辑具体执行。

# 第二节 收稿规范

由于编辑工作质量的高低在一定程度上取决于编辑工作开展之前，所以必须在稿源上加强把控，对作者投稿、组稿等稿源提出明确的要求。

## 一、书稿相关文件的类型规范

编辑收取书稿相关文件时，需要注意文件类型的规范。

建议小样文件名称要直接反映文件的相关内容，如“第一章至第三章共233页.FBD”“全书目录文件”“版权页文件”等。

关于全书排版和印刷环节注意事项的总体说明文件（如 Read me. txt），通过纯文本文件的形式对文件的结构特征进行说明，如版权页、目录及页数、章数及页数、出血信息、成品尺寸、图书制作时间、插图文件存放地、补字文件存放地、最后一个审核与校次的时间、追溯人，以及压缩文件的总字节数和总文件数等。以上信息与所提供的纸质说明文件（如有）的内容和数据应是一致的。

书版排版大多利用黑白图书制作工具。编辑应收集所有书版的原始数据文件，如 FBD 为书版 9. x、10. x、2008 小样（脚本）文件类型；PRO 为图书的宏观参数设置，如版心、页眉、页脚、词条；S92、S10 为矢量符号排版中间结果文件；MPS、NPS 为曲线符号排版中间结果文件；PS 为排版结果文件、印刷文件；无扩展名的为书版 6. x、7. x 小样（脚本）文件；S2、S72 为矢量符号排版结果文件、印刷文件；PS2 为曲线符号排版结果文件、印刷文件。

其他图书应收集排版软件的原始文件和结果文件，如使用维思、方正飞腾及 Page Maker、In Design 排版软件，除了原始创建的文件外，还需要 PS 结果文件。

当一本图书的组版文件超过一个小样文件时，应注意将图书文件保存完整，并集中全部的小样文件、PRO 文件、中间文件、PS 结果文件及文件之间匹配的结构特征。

应建立单独的文件夹保存图书的补字文件或造字文件，如书版女娲补字的 TTE、PFI 等文件。

图书使用的所有图片、图形文件，如 JPEG、TIFF、EPS、BMP 等格式，应保证数据可读取，无数据损坏等问题。

## 二、稿件的内容规范

通常来说，学术类稿件需要遵循基本的内容规范，如《清华大学学报》（哲学社会科学版）的投稿须知[1]除期刊简介、注意事项外，对稿件的撰写要求做了详细说明，内容如下。

1. 论文撰写顺序

论文的撰写顺序为中文题目，作者署名，中文摘要与关键词，基金项目，作者简介，正文，参考文献，英文题目，作者英文署名，英文摘要，作者的联系方式。

2. 题目

题目应能准确概括文章内容，英文标题内容应与中文标题相应。

3. 作者

署名作者一般不超过 4 个人，顺序由作者自定，各作者之间以空格分隔。英文名的顺序应与中文名相同。中国作者姓名应用汉语拼音，如 Yang Nianqun。作者简介包括姓名、所在机构，机构名称应写全称，不用简称，其后括注所在城市名称、邮政编码。有多个机构的情况下，不同机构之间以顿号分隔。请在文末附上作者的联系方式，如详细通信地址、邮政编码、联系电话、E-mail 等。若有多个作者，或作者联系不便，请指定 1 位联系人。

4. 摘要与关键词

摘要以 300 字左右为宜，独立成篇，不分段，意义完整；用第三人称撰

[1] 《清华大学学报》编辑部.《清华大学学报》（哲学社会科学版）投稿须知［EB/OL］.［2023-05-08］. http://www.qhdz.cbpt.cnki.net/wkh/WebPublication/wkTextContent.aspx?navigationContentID=8aacdbfe-fa47-436e-95db-7646959beec4&mid=qhdz.

写，要求完整准确地概括文章的主要内容，不用“本文”“作者”等词语。英文摘要的内容应与中文摘要的内容相应，不少于200个英文单词。关键词一般为3~6个，不同关键词之间用分号分隔。

5. 基金项目

基金项目论文请注明资助基金的完整名称，并在圆括号内注明项目编号；多项基金项目应依次列出，其间以分号隔开。

6. 各级标题

正文各级标题应简短明确，题末不用标点符号。各级标题依次用汉字数字、加括号的汉字数字、阿拉伯数字、加括号的阿拉伯数字，如“一、”“（一）”“1.”“（1）”等。

7. 图和表

能用文字表达清楚的内容尽量不用图和表，如用图和表，则在文中不重复其数据，但需摘述主要内容并进行分析。图、表随文编排，先见文字后见图、表，要有图序和表序，并在文中标出。图题和表题分别用小5号黑体字书写。手绘插图墨色要重，线条要清晰、圆滑、均匀，主线与辅线分明。照片要求清晰，层次分明。表格一般用三线表，上方应有表序、表题，表的栏目中量名称或量符号、量单位应齐全，表中内容用小5号宋体字书写。为了保证印刷效果，请提供TIFF格式文件，分辨率为600像素。

8. 文献注释规范

文献注释须符合《清华大学学报》（哲学社会科学版）文献引证技术规范的要求。

学术类稿件通常在格式规范等方面遵循较好，出现不规范情况较多的稿件往往是文学类稿件。编辑应在组稿阶段就对稿源质量进行严格把控。

《读库》的投稿须知为显示对文稿质量的重视，将文学类稿件的各方面要求用1300余字进行详细阐述。

## 我们需要什么样的稿件[1]

张立宪

一些想给《读库》投稿的朋友会先来封信，问对稿件有什么标准和要求，或者问，《读库》需要什么样的稿件。

嗯，请让我来回答这个看起来很简单的复杂问题。

《读库》需要什么样的稿件？比这个问题更重要的是，您想写什么样的稿件？如果您有足够的写作热情的话，这个问题就变得很简单了：先按照自己的意愿，将稿件写出来，不用管别人需要什么样的稿件。

任何一家媒体，都有自己的选稿范围，所谓组稿，就是编者和作者相互寻找的过程。那些已经将自己想写的东西写了出来的朋友，接下来要做的，就是为自己的文章找一个窝。请你相信，一篇好的文章，总能找到好的窝。

就像两个很好的男生女生，并不一定适合相爱一样。对如下稿件而言，《读库》并不是适合她的窝——尽管您的稿子可能非常优秀：

小说、诗歌、散文等文学作品，不属我们的选稿范围。

学术文章，不属我们的选稿范围。

千字文，不属我们的选稿范围。《读库》所刊文章的篇幅，基本在五千字到五万字之间。

心情随笔，个人感怀，亲情文章，人生顿悟，不属我们的选稿范围。因为适合刊载这类稿件的媒体太多了。

书评，影评，乐评，不属我们的选稿范围。这一点可能最容易让大家误会。《读库》不就是这样一本文艺读物吗？是的，但我们不需要评价作品，而是去找到直接当事人，挖掘背后的故事，或是对作品中的某些细节，进行疯狂的研究。几年前，我们对《读库》的稿件内容有过这样的说法：我们要的是充满热忱的精读，独出机杼的发现，耗尽心血的串联，哪怕只是些边角余料。这个方针一百年不动摇。

---

[1] 读库. 我们需要什么样的稿件［EB/OL］.（2009-07-31）［2023-05-08］. https://blog.sina.com.cn/s/blog_467a41270100entw.html.

以上属于与我们无关的圈子，这些圈子之外的广阔空间，就是《读库》的选稿范围。

但是，即使已经立足于这些圈子之外，可能您的稿件依然不适合《读库》，因为我们还有自己的选稿标准。

与作者商讨稿件时，我经常说的两句话是，可劲儿写，不要有篇幅上的限制，不要有时间上的限制。我们希望能给作者一个尽情展示自己智慧和心血的平台，但最后的稿件总体一看，限制性依然很强。

如果您的文章中，经常出现“我感到……”“我想……”“我觉得……”这样的句式，则基本不符合我们的选稿标准。说得再严苛一些，一篇文章中如果三分之一以上的句子主语都是“我”，就不会出现在《读库》里。

如果您的文章中定语太多，或是结论评价类的形容词太多，则不符合我们的选稿标准。我们只希望你把你看到的记录下来，至于它在你心中泛起的涟漪，希望能通过你的记录和传递，荡漾到读者心中，而描述涟漪本身，是我们不需要的。

如果你的文章试图以小见大，或直接以大见大，以探讨人生终极问题和家国大计为己任，我们也要对您敬而远之。我们要的不是高度的概括性，而是极度的细部展示。具体地说，如果一篇三万字的稿子，其第一段提到的某件事、某个人，有可能被写出三万字，那么这篇稿子就显得大而无当了。

如果你试图充分展示自己的写作才华，我们也要对您敬而远之。《读库》中受人好评的文章，基本没有读者会说“这个作者太有才了”。我们想展示的，是才华的另一面：老老实实把自己想写的东西交代清楚，认认真真把自己感兴趣的东西琢磨个底儿掉，切切实实尊重读者的习惯和判断。

“用写一本书的力气来写一篇文章”，我们最需要这样的稿件。希望您将投稿的目光投向《读库》时，想的不是“我要写一篇好文章”，而是“我要把一件事情搞清楚，并记下来”。当动笔的时候，你心里有着一定的谦卑和热忱。庶几可矣。

《读库》的投稿须知从内容、篇幅、体裁、语法、文风等多个角度展开，要言不烦。

# 第三节　编辑加工基本要求

编辑在图书编辑加工过程中，必须在政治性、著作权、内容质量等方面遵守相关规定。下面以某出版社总结的图书编辑加工要求为例，说明在编辑加工过程中应遵循的基本要求。

## 一、内容要求

（1）著作权问题。稿件内容不得侵犯他人的著作权。为介绍、评论某一作品或说明某一问题而引用他人的图片、资料、数据、表格时，应在正文中加以说明或者以括注、脚注等方式注明所引内容的出处；原文引用时应注意避免大段文字的摘录；图片的大量使用应获得版权所有者授权。

（2）政治性问题。书稿内容应维护国家利益、民族团结，不得有与我国现行政策和法律相抵触的内容和提法，要避免涉及国家领导人等敏感话题；翻译稿应正确地表达原意，无错译、漏译，对于原书中不易为我国读者理解、有损民众感情或有悖于社会公认的道德传统的措辞或提法，应根据读者对象的不同进行妥当处理。

（3）内容质量问题。书稿内容要求主题突出、结构合理、层次分明，各级标题与内容对应，文句通顺、简明、精练，无逻辑性错误。

（4）书稿必须符合“齐、清、定”要求。“齐”是指文稿（如扉页、内容简介、前言、目录、正文、附录、索引、后记等）、图稿齐全，且标明连续页码，无错页、漏页；“清”是指稿面整齐，书写清楚，标注明确、易辨，图片清绘；“定”是指文稿、图稿内容已确定，不存在遗留问题，无须再做较大增删和修改。

## 二、基本格式要求

1. 扉页

扉页包括书名、作者姓名、著作方式（如著、编著、编、主编、译等）。翻译书稿应标明原作者姓名，且翻译成中文。

2. 内容简介

内容简介一般分成两段：简要介绍稿件的内容和特点；指出读者对象。内容简介应力求文字简练、准确、精彩。

3. 序

序一般请他人撰写，也可以没有。翻译书稿的序一般请对书稿内容十分了解的专家、知名人士等撰写，由他们作为第一读者对书稿的内容、意义、写作水平、作者背景等进行全面评价。

4. 前言

前言主要介绍书稿的写作背景、特点、卖点等，不要求太长，字数一般为 1000 字左右。

5. 目录

目录一般只标出三级标题，要求层级清晰；建议利用 WORD 自动生成目录。

6. 正文

（1）稿件用 WORD 默认模板排版，正文为 5 号宋体。

（2）标题分级清楚，且与正文严格区分。各级标题之间要有字体和字号的区分，同一级标题的样式全书统一。稿件标题的类型主要包括章节式、等级式和混合式（见表 4-1）。

**表 4-1　稿件标题的类型**

| 章节式 | 等级式 | 混合式 | 参考字号 |
|---|---|---|---|
| 第一篇　■■■■ | 第 1 部分　■■■■ | 第一篇　■■■■ | 二号或三号，3 倍行距 |
| 第一章　■■■■ | 1　■■■■ | 第 1 章　■■■■ | 三号，3 倍行距 |
| 第一节　■■■■ | 1.1　■■■■ | 1.1　■■■■ | 三号或小三号，2~3 倍行距 |
| 一、■■■■ | 1.1.1　■■■■ | 1.1.1　■■■■ | 四号，2~3 倍行距 |
| （一）■■■■ | 1.1.1.1■■■■ | 1. ■■■■ | 四号或小四号，2~3 倍行距 |
| 1. ■■■■ | 1）■■■■ | 1）■■■■ | 小四号或五号，1~2 倍行距 |
| 1）■■■■ | (1)　■■■■ | (1)　■■■■ | 五号宋体，单倍行距 |
| (1)　■■■■ | ①■■■■ | ①■■■■ | 五号宋体，单倍行距 |
| 注意：若之后还有标题，可选用英文字母、罗马字母或者项目符号 | | | 常用字体为黑体、宋体、仿宋、楷体、Times New Roman 等 |

标题应注意以下方面：一是切忌出现各章节比例失调、上下级标题无统属关系、文不对题、有题无文、题大文空等问题；二是各级标题应“一级压一级”，尽量避免将等级相差较远的非相邻级别直接套用的情况，上级标题应比下级标题的字体更醒目、字号更大，而不是相反；三是统稿时应从正文开始，逐级向上检查各级标题的字体、字号与使用方法是否全书统一。

7. 插图

（1）插图一般应紧排在相关的正文文字后面，不宜离文字太远，更不能跨节。图片大小以缩小后图面清晰秀美、疏密得当为宜。

（2）插图内容应与相关的正文文字保持一致，尤其注意插图中的人物及语言与正文描述的一致性。

（3）线条图采用黑白模式，必须清晰；灰度图要求视觉精度显示效果清晰，文字另层叠放；另附的图片需清绘在透明纸上，清绘图上不植字，文字另附。

（4）如果稿件中有彩色或黑白照片，需提交高质量的原照片，而不是副本，由出版社安排扫描制作。

（5）扫描图片保证清晰度，应注意纯线条图须用 600 像素的分辨率按 1 位（黑白方式）的 TIF、BMP 格式存盘。对于照片或需要灰度的图片，可用 150 像素的分辨率扫描，扫描后调至满意的效果。虽然图片文件往往字节数很大，但最好将其放入 WORD 文档的相应位置，不要采用链接文件或插入和链接的方式放入。

8. 表格

（1）表格一般应紧排在相关的正文文字后面，尽量与文字排在同一面上，不要跨节。

（2）表格中的文字应尽量精练准确，避免大段冗长的描述；表格中的数据及单位应准确无误，应检查多项数据加总的计算是否有误。

## 三、技术规范

出版物的内容对应社会生活的方方面面，各行各业的内容积累和知识传播都会在出版物中得到反映。各种专业的名词、俗称、公式等，甚至相同的词汇在不同行业中的意义不尽相同，因此在进行编辑加工时必须遵循专业的技术规范。

出版行业中的编辑加工技术规范很多，下面给出基本的技术规范。

1. 专有名词、人名、地名

（1）科技名词术语需按照全国科学技术名词审定委员会公布的名词使用，可查询术语在线。

（2）书稿中的外国人名须译成中文时，建议按照商务印书馆出版的《英语姓名译名手册》译出，并在第一次出现时括注原名。

（3）书稿中的外国地名建议按商务印书馆出版的《外国地名译名手册》译出；中国地名应以最新出版的《中华人民共和国行政区划简册》和地图出版社最新出版的地图为准，可查询中国地名网。

（4）机构名称需用全称，不要使用简名或别名。

（5）对于未经专业规定的名词，可以自拟或采用比较合理的暂行名词，但全书要统一。

2. 量与单位

（1）计量单位必须使用法定计量单位（参见国务院公布的《中华人民共和国法定计量单位》），非法定计量单位需换算成法定计量单位，在正文中括注或页下加脚注。计量单位用符号或者中文标示，尽量全书统一。

（2）阿拉伯数字之间的范围符号一律用浪纹线“~”。中文之间的范围符号则用一字线“—”。

（3）常用表示方法正误对比见表4-2。

**表4-2 常用表示方法正误对比**

| 错误表示方法 | 正确表示方法 |
|---|---|
| 20±2cm | 20cm±2cm |
| 10~20% | 10%~20% |
| 10km~15km | 10~15km |
| 1.5/min | 1.5 $min^{-1}$ |
| 3~5° | 3°~5° |
| 2×3×4cm/2×3×4$cm^3$ | 2cm×3cm×4cm/（2×3×4）$cm^3$ |

3. 标点符号

在此只说明几种书稿中经常误用的标点符号。

（1）省略号在中文里用6个点，在西文里用3个点。

（2）一字线一般用于表示生卒年、地域起止的连接，以及文件编号、产品型号，如北京—广州、GB 8170—87。

（3）破折号（占两个字长）：用于标明行文中解释说明的语句。

（4）行文中数字或字母之间的并列关系可用逗号，也可用顿号，全书统一即可。

4. 数字表达

（1）标示数值范围的起止用“～”。当用%、‰或10的指数形式标示数值范围时，“～”前不能省略%、‰或10的指数形式，如10%～25%、3°～5°。

（2）一些习惯表示法，如10～45cm不必写作10cm～45cm；100～200kg不必写作100kg～200kg；20多吨不能写作20多t；2cm×3cm×4cm不得写作2×3×4cm或$2\times3\times4cm^3$；表示时间时用后者，秒用s、分用min、时用h。

（3）整数或小数部分超过3位的数字，以小数点为界向左或向右均每3位分一节，即节与节之间空半个阿拉伯数字的空格，如“1 000”“20 000”“27.567 89”。有些书稿对4位的数字（包括小数点后4位的数字）不加空格，如“3000”“27.5678”，只对5位及5位以上的数字才用三位分节法，但只要全书统一即可。

（4）公历世纪、年、月、日、分、秒等均用阿拉伯数字，如20世纪70～80年代；定型的词、词组必须用汉字数字，如“十三五”规划；相邻的两个数字并列连用表示概数时必须用汉字数字，且连用的两个数字之间不得用顿号，如五六天；用“多”“余”“左右”等表示约数时一般用汉字数字，如十多年，但有时为保证局部体例一致也可用阿拉伯数字；其他情况只要保证全书统一即可。

## 第四节　发稿要求

稿件经编辑加工后进入发稿阶段。发稿的基本要求是“齐、清、定”。在具体执行中，稿件需编辑达到要求方可发稿。

在发稿阶段，需要开展如下工作。

## 一、检查稿件“齐、清、定”情况

1. 齐

（1）检查原稿（包括正文和各种辅文）、图稿是否齐全，并且每页是否注明页码，页码无错页、漏页。根据目录所列项目和次序检查前言、正文、后记、附录、索引、参考文献及所有图稿、图注是否齐全，且电子文件须与纸质文件一致。

（2）丛书、套书发稿时，应检查前言、序言、后记、译后记、索引等辅文齐全与否。

（3）检查封面发稿文件中作者简介、内容简介、丛书书目、同类书附列书目等勒口、封底所用的辅文是否齐全。

（4）检查正文发稿单上是否注明签订的版权声明（引进版）、著作权合同登记号（引进版）、出版日期、印数、样书数量等重要信息和数据，以及其他特殊说明。

（5）若有必要或特殊情况，发稿后还需补充和更换图片的，需要责任编辑填写内部通知单，经室主任、主管领导批准后方可实施。发稿质检员应注明情况，并且跟踪流程，督促责任编辑补发稿件。

（6）发稿时须有初审报告和编稿记录，须有复审报告。

2. 清

（1）检查文稿誊写或打印是否清楚，应无难辨字迹，各种标注应清晰易于辨认，文中修改处须书写勾画清楚，增删清晰不乱。若修改过多或涂改杂乱，应退回责任编辑重新打印或者抄写。

（2）检查原稿章节是否层次分明，格式、规范是否一致。

（3）检查插入图稿中的注字是否清楚，插图是否符合制版要求。

3. 定

检查正文、辅文、插图、表格等内容是否确定。一般情况下，发稿后不能再做增补、删减和大的修改，稿件应无遗留问题或项日（索引除外）。

对于没有达到上述“齐、清、定”要求的稿件，一律退回责任编辑，待重新加工达到要求后方可发稿。

## 二、美术编辑室的相关工作

（1）美术编辑接稿后按总编室流程开展工作。图文书设计制作一般20天交稿（特别复杂的不超过一个月），版式设计3日内完成，书稿二校后美术编辑开始进行封面设计，书稿三校时拿出方案提交审核。封面、正文应同步发印。

（2）设计中的稿件如有内容（文字和图片）改动，须填写内部通知单方可进行，无内部通知单不得改动。

（3）需请社外美术编辑设计图书的，应由责任编辑在书籍装帧设计单上注明，经美术编辑室主任签字后安排，并与社外美术编辑签订协议后方可进行。

（4）图书开本确定后，美术编辑应及时与出版部门商定用纸，选择适合开本的纸张，以免因纸张问题改开本或造成浪费。

（5）封面设计方案须经责任编辑确认封面文字，并经美术编辑室主任、分管领导批准后方可出彩样。特殊原因需提前打样看效果的，须经美术编辑室主任在黑白样上签字方可进行。

（6）出彩样前美术编辑应再一次核对书脊尺寸。

（7）彩样和胶片或印刷文件须有责任编辑、校对人员、美术编辑室主任、分管领导签字后方可交出版部门付印。

（8）为保证图书质量，必要时美术编辑应与责任编辑、印制员等到印厂检查印刷质量。

（9）拿到样书后，美术编辑应认真检查印刷质量，在流程卡片上签写意见（同意或不同意装订）。

（10）发稿后，电子文件和样稿副本应存档。

## 三、发稿时的特别规定

一些出版社根据《图书质量管理规定》的要求，为了保证图书发稿质量，特别做了如下规定。

（1）无政治性错误，即不得存在违反四项基本原则、党和国家的方针政策（如民族、宗教、外交、统战、国家安全、侨务等方面的政策）、国家的法律法规及不符合中央宣传口径的内容。需要专项报备的选题及出版合同中甲方的特殊要求应在发稿通知单上注明。

（2）技术内容无差错。

（3）无知识性错误。

（4）引文准确。重要的引文，尤其是马列著作、我国老一辈革命家及现任党和国家领导人的著作的引文一定要标明出处。

（5）书稿样式、体例统一。

（6）在尊重作者观点和写作风格的前提下，力求书稿结构严谨、文字通顺、标点准确、无错别字，名词、术语、人名、地名、数字用法应规范和统一。

（7）插图、表格、图片等符合排印要求。

（8）完成目录编排及辅文（如前言、序言、出版说明、编者说明、编者按语、内容提要、凡例、注释、题解、附录、后记、跋、索引、参考文献等）的处理。

（9）尊重作者，当对书稿中论点、提法有实质性改动时，必须征得作者同意或认可方可定稿；对港澳台地区及海外作者的作品一般只删不改。

（10）达到“齐、清、定”标准。齐：书稿的全部内容及印刷的全部要求一应俱全，包括全部正文及辅文、扉页及版权页的著录项目，封面及扉页设计建议，图片和图表的设计及编排格式。清：稿面清晰，没有辨认不清的张页，修改部分没有交叉引线，稿面上所有不需要排版的文字、记号应做标记；如果是手稿一律使用稿纸，一字一格抄清；打印的书稿如有辨认不清的文字、符号，须描摹清楚；如成书发稿，一律用原书加工，原则上不得使用复印件发稿。定：发稿必须是定稿，做到不再换稿、补稿、内容不应再有大的改动；除特殊情况，须经总编辑签字同意方可操作。

## 四、发稿时提交的单据

（1）发稿通知单一式四份（出版、财务、总编室、责任编辑留存）。

（2）封面通知单一式一份（责任编辑、设计人员留存）。

（3）图书征订单一式两份（发行部、总编室留存）。

（4）编辑发稿意见书一份（总编室留存）。

（5）审稿记录一份（总编室留存）。

（6）图书在版编目 CIP 数据工作单一份（总编室留存）。

## 五、发稿后开展的工作

（1）检查合格的稿件送交终审，同时在编务管理系统中进行操作。

（2）终审者确定需要进行重点质检的稿件，每种抽查 1 万~5 万字，检查结果送终审者签批。

（3）编务及时将批准发稿的稿件分配书号后送美术编辑室，发稿单原件退责任编辑，复印件分送美术编辑室、出版部、发行部、市场推广部，同时在编务管理系统中进行操作。

（4）编务根据责任编辑提供的信息和终审者的意见，会同出版部、美术编辑室制订图书的生产计划。

（5）及时向有关部门申请 CIP 数据。

（6）编务及时将批准的定价、印数书面通知美术编辑室及出版部。

（7）印制员将新书样书交总编室后，编务应于当天分发给责任编辑、美术编辑、分管领导一次审阅，签写图书批准发行记录；在新书入库前及时在编务管理系统中进行数据维护。

（8）新书出版后，编务应尽快开具预提版税单。

（9）将出版部交来的印制文件或胶片归档。

以上这些工作统称“编后工作”。在编后工作完成后，一本书才完成从选题策划到编辑加工，再到发稿、印制、发行的全流程。

目前，北京、上海等城市推动产业升级，大多已将印刷等高污染、高噪声企业外迁，出版相关专业学生较难参加图书印制流程的实践，因此在课堂上可以通过相关视频资料或通过参观博物馆等方式进行出版流程方面的学习。图书运作流程见表 4–3。

表 4-3　图书运作流程

| 阶段 | 作者（内容生产） | 编辑（内容策划） | 印刷复制（感官再现） | 发行（信息传递） | 读者（信息到达） |
|---|---|---|---|---|---|
| 参与要素 | 作品 | 出版社 | 印刷厂 | 新华书店、二渠道等 | 出版物 |
| 环节 | 作者创作 | 选题，组稿，签约稿合同，作者修改交稿，初审、复审、终审，签订出版合同，编制出版计划，编辑加工，发稿，样书检查，样书报送，改错 | 发排，初校、二校、三校，通读，付印，印刷装订 | 营销计划、征订，前期宣传 | 购买、借阅、阅读、反馈 |
| 流程 | 产生作品 | 策划→选题市场调研及预测→组稿→责任编辑初审→复审编辑→终审编辑→出版部门签字下厂发排 | 发排→三校→印刷厂印刷出完整的产品；排版、拼版、上机、印刷、装订、入库 | 完整的产品出来后，通过发行部门向全国各地经销商发货；出库、运输、入库、上架、销售 | |
| 时间节点 | 自然产生样稿→约稿→交稿 | 图书出版周期 | 印刷流程 | 发行流程 | 无设定 |
| 部门设置 | 作者工作室等 | 编辑部、图书事业部等 | 出版部、印务部等 | 发行部、营销部等 | 无设定 |
| 工作人员 | 作者等 | 编辑、校对、责任编辑、编辑部主任、总编辑、特约编辑等 | 排版工、印刷工、装订工等 | 发行员、发行部主任等 | |
| 工作对象 | 创意 | 原稿、无稿件 | 印版、纸张、油墨、印刷机 | 印刷成品 | 出版物 |

续表

| 阶段 | 作者<br>（内容生产） | 编辑<br>（内容策划） | 印刷复制<br>（感官再现） | 发行<br>（信息传递） | 读者<br>（信息到达） |
| --- | --- | --- | --- | --- | --- |
| 工作内容 | 创作 | 媒体形式方面、资源加工方面、信息与市场对接方面 | 印前制作阶段、印刷阶段、装订阶段 | 市场信息交换→确定购销关系→实物交割→结算货款→收集各种反馈信息→出版社 | |
| 工作方式 | | 策划编辑、文案编辑、美术编辑 | 制版、上机、印刷、装订 | 印厂出库→运输→书店入库→上架；总发行→批发→零售 | |
| 工作逻辑 | | 原始无序信息经编辑加工，形成高质量信息，达到出版标准后制版 | 印版信息，经印刷制作成品，进入发行 | 出版物经发行到达各种批发、零售场所 | |
| 具体流程 | | （1）策划组稿。<br>①市场调查；②形成选题；③选题论证；④预约书稿；⑤订立约稿合同；⑥督促作者按时交稿。<br>（2）稿件收取。<br>①检查书稿是否“齐、清、定”；②检查书稿是否达到约定要求；③关于自然来稿的处理。<br>（3）编辑加工。<br>①初审；②复审；③终审 | （1）印前制作阶段是按照已做整体设计的书稿制作出印版的阶段，为印刷做准备。出版设计包括开本及用纸确定；进行整体设计策划；封面与版式的具体设计；确定印制工艺；核算印制成本；选择排版公司与印厂。<br>（2）印刷阶段是将印版上的图文信息复制到纸张上的阶段。出版三要素的“复制”主要是在印刷阶段实现 | 物流、商流、资金流、信息流 | |

续表

| 阶段 | 作者<br>（内容生产） | 编辑<br>（内容策划） | 印刷复制<br>（感官再现） | 发行<br>（信息传递） | 读者<br>（信息到达） |
|---|---|---|---|---|---|
| | | （4）发稿。<br>①填写发稿单和美术设计通知单；②交总编室检查；③交分管总编辑终审；④正式发稿；⑤订立出版合同；⑥填写变更通知单。<br>（5）美术设计。<br>①安排美术编辑；②内文版式设计；③外观整体设计。<br>（6）校对。<br>①一校、二校；②三校（四校）；③通读清样；④核红；⑤图书的版权页。<br>（7）签字印刷。<br>（8）样书检查。<br>（9）成书审读。<br>（10）重印修改 | （3）制作过程：原稿检核→图文输入→图文编辑→图文输出→初校→改版→二校→改版→三校→作者看样→改版→核红（计算书脊厚度）→正文清样及封面彩样三审→改版→导出印刷文件→制作印版→打样→核蓝样→发印。<br>（4）装订阶段是将已经印有图文的书页和封面加工成册的阶段，是对印刷的产物进行整理加工。<br>印刷→封面印后整饰→装订→送样书→审查→大批印刷装订。<br>成品书入库→市场→反馈信息→选题策划…… | | |
| 沂涉知识 | 著作权法 | 出版学、编辑学、传播学、书报刊编辑、数字编辑、多媒体出版物编辑、选题策划、版式装帧与设计等及出版法律法规 | 印刷概论、印务管理、印刷工艺学等 | 经济学、发行实务、发行学、书店经营管理、出版物市场营销 | 读者学、受众分析、受众心理与传媒引导、市场调查与分析 |

# 案例展示　《寻路 1909——京张铁路人文故事纪实》*

下面采用案例展示的形式，说明一本图书从选题策划到资料收集、编辑加工、印制装订等的出版流程。

## 一、选题“寻路 1909——京张铁路人文故事纪实”的立意

自 1909 年建成至今，京张铁路见证了中国一个时代的变革，从中国的“争气”工程到百年后的“中国速度”，如今的京张高铁不仅续写了百年的传奇，而且成为世界领先的智慧高铁。这样一条历经百年的铁路不仅见证了时代的变迁，而且阅尽世间沧桑。本选题以京张铁路为中心，以历史进程为序，记录了在这条铁轨上默默付出的人们的“京张情结”，并通过记录铁路沿线的自然风光与人文变化，反映中国社会的现代化进程。

## 二、确定选题“寻路 1909——京张铁路人文故事纪实”的过程

在拟定铁路选题之前，我们还想到很多选题，如“窗”。对于“窗”这个选题，我们纠结了很久，计划做一本关于中国六大派系民居建筑的窗户的书，以窗为中心，讲述六大派系民居建筑的窗的发展历程、特点、作用、制作方法及关于窗户的人文故事。虽然“窗”这个选题很具体，做起来思路会更加清晰，但是当真正开始完善这个选题的时候，我们发现自己没有把这个选题真正做好的能力。“窗”可以有很多设计的东西，如装帧设计上，窗是一个和光线联系密切的事物，为了使封面有光线感，我们自然想到了镂空设计，

---

* 该案例为北京印刷学院新闻出版学院 2016 级编辑出版专业学生李玉雯、贺晓楠在《出版物设计与制作》课程上完成的完整图书策划方案。案例由学生选择选题、教师指导完成，用时一年，涉及图书的选题策划、组稿、审稿、编辑加工、印制等一系列出版环节和流程，制作出高度还原的模拟图书，并在模拟图书的基础上进行市场开发。

并且设想在正文中加入一些立体设计元素。我们开始考虑如何实现，镂空设计不可避免地要用封套或者函套，要求再高一些，封套或函套要做木质的，这样更有窗户的质感。如果要求再高一些，那么可以把这扇窗设计成活动的，可以打开。顺着这个思路想下去，我们发现虽然想要的东西太多，但时间、能力及资金的限制都使我们清醒，而且我们想做人文性更强的选题，选题“窗”其他部分的内容所占比例太高，和我们的初衷有些违背。因此，考虑清楚之后，我们果断地选择了关于铁路的选题。

做铁路选题的想法是和做窗的想法几乎同时出现的。两个选题有个共同点，都是找到一个具体的事物，围绕它进行展开。初有这个想法的时候，我们考虑了组织内容的问题。因为我们的一名组员家中有亲人在铁道部门工作，他可以在内容上给我们提供一些帮助，所以我们有了一些安全感，至少解决了无内容的问题，并且 2018 年正是中国改革开放四十周年，听到、看到了太多中国在这四十年中的巨大变化，铁路的发展是其中的重要变化，所以选定铁路选题顺应时代需要。我们又想到春运的故事，这些都是最平凡、最能打动人的故事，这些故事也很多，为我们收集资料降低了难度，也契合我们想做人文选题的初衷。接着，我们开始完善选题，想要以铁路发展时间为线索，以淞沪铁路到中老铁路建设至今这一历程中具有里程碑意义的铁路为时间节点，主要记述铁路建设背后的人文故事及围绕铁路展开的百态人生。主要的线索脉络理清后，我们开始进行市场调查，收集同类书信息发现关于铁路人文故事的出版物并不是很多，该选题具有一定的出版价值，觉得自己做的是一个有意义又容易完成的选题。但是，当听到老师对选题的建议的时候，我们才意识到自己的选题太大、铁路发展的时间有多不好把控，并且每一条铁路都没有一个主题，只是单纯地想围绕一条铁路做内容，这样内容不成系统，看起来有主线，实则是一锅粥。

因此，我们听从老师的建议，将范围缩小，锁定在一条铁路上，以这条铁路的发展时间为线索，再对其进行划分，每一章有一个具体的主题，如火车司机、养路工、建造铁路工人等。我们比较了国内很多条铁路，能写的内容多是青藏铁路和京张铁路。对比两条铁路，京张铁路的历史更为悠久，关于它的故事也更多，并且它的发展也从侧面反映了中国的发展。于是，我们选择了中国自主设计和修建的第一条铁路——京张铁路，以它为中心，进行策划。

这个选题的名字我们最后定为“寻路1909——京张铁路人文故事纪实”。在此之前，我们也想了很多名字，如“梦回京张”“回望1909”等，但都感觉不够妥帖，最后借鉴了相关出版物定下了这个名字。《寻路1909——京张铁路人文故事纪实》的结构框架及样张见图4-1～图4-5。

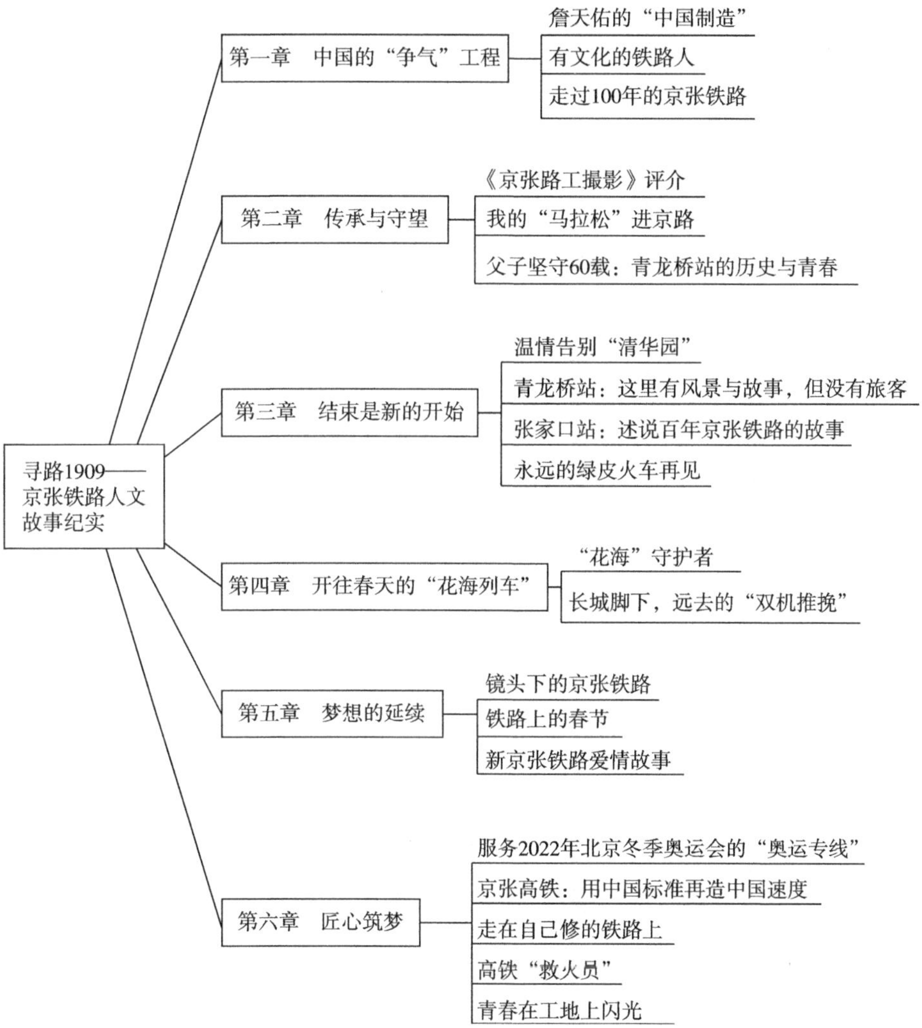


**图4-1　《寻路1909——京张铁路人文故事纪实》的结构框架**

火车漫画



**贰**

图 4-2　《寻路1909——京张铁路人文故事纪实》的样张 1

2　寻路1909——京张铁路人文故事纪实

京张铁路人工钉道

居庸关车站道岔施工

检验京张铁路线路的专用列车

3

詹天佑的"中国制造"

一场中外技术力量间的较量

1905年5月4日，时任中国铁路总公司工程顾问的詹天佑，接到时任直隶总督兼督办关内外铁路大臣袁世凯的通知，要他"即对拟修筑之北京到张家口铁路进行测量"。

对詹天佑而言，他和外国技术力量之间的较量也由此开始。

1905年5月8日，当詹天佑离开天津前往北京开展工作时，时任关内外铁路总工程师的英籍工程师金达也于同日离开唐山来到北京。

图4-3 《寻路1909——京张铁路人文故事纪实》的样张2

# 第一章

## 中国的“争气”工程

我国地大物博，而于一路之工，
必须借重外人，引以为耻

图 4-4 《寻路 1909——京张铁路人文故事纪实》的样张 3

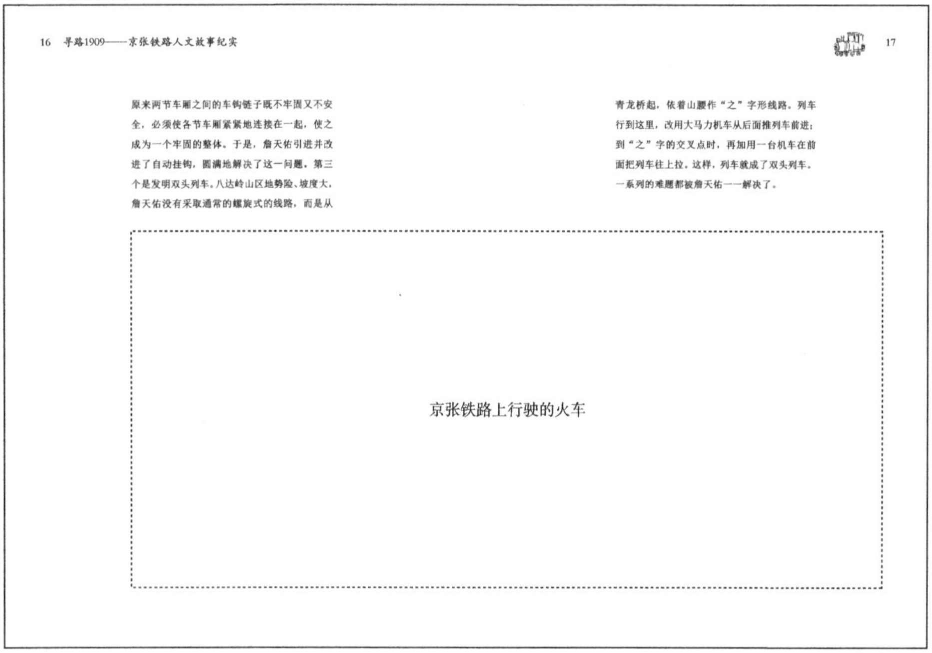

16　寻路1909——京张铁路人文故事纪实

原来两节车厢之间的车钩链子既不牢固又不安全，必须使各节车厢紧紧地连接在一起，使之成为一个牢固的整体。于是，詹天佑引进并改进了自动挂钩，圆满地解决了这一问题。第三个是发明双头列车。八达岭山区地势险、坡度大，詹天佑没有采取通常的螺旋式的线路，而是从青龙桥起，依着山腰作“之”字形线路。列车行到这里，改用大马力机车从后面推列车前进；到“之”字的交叉点时，再加用一台机车在前面把列车往上拉。这样，列车就成了双头列车。一系列的难题都被詹天佑一一解决了。

京张铁路上行驶的火车

17

图 4-5　《寻路 1909——京张铁路人文故事纪实》的样张 4

## 三、“寻路中国——中国铁路人文故事纪实”选题论证意见及修改

（1）选题论证意见。选题线索不明确，按照中国铁路发展历程以时间为线索写，缺少民国时期的铁路，不能反映社会的发展，整体来看系统性不强。建议改为围绕一条铁路，抓住养路工、火车司机等具体的点进行策划，可定为京张铁路，可以写花海列车。

（2）选题修改。图 4-6 为最初的结构设计，主体分为三个部分，按时间段划分，涉及多条铁路。后来，选题内容改为只写一条铁路——京张铁路，每一章围绕具体的一个小点进行编写，如第一章写詹天佑、第二章写养路工等。

**图 4-6　《寻路中国——中国铁路人文故事纪实》的最初结构设计**

（3）选题资料收集。资料主要来源于网络，如中国铁道科学研究院集团有限公司网站、国家铁路局网站、微信公众号、微博、百度百科、百度文库、豆瓣、百家号、知网、知乎、360 图书馆等。

（4）选题框架。我们前期通过搜集相关历史资料及发展现状资料，利用思维导图软件进行框架设计。全稿分为六章，分别为中国的“争气”工程、传承与守望、结束是新的开始、开往春天的“花海列车”、梦想的延续、匠心筑梦，以京张铁路为中心，按照时间顺序将其过去与现状相结合，以展现其人文关怀与科技创新。

（5）选题相关体例。稿中涉及文体包括说明文、记叙文、散文等，以一篇一个故事的方式展现，包括扉页、前言、目录、正文、后记五个部分。

每章的故事小结为华文楷体；章节名称为华文仿宋；章节为华文仿宋；章节小话为华文新魏；图注为华文仿宋；故事标题为华文行楷；摘要为宋体；正文为宋体；前言、后记为楷体。

（6）印制相关情况。纸张：无光铜版纸；开本 16 开，成品尺寸为 185mm×260mm；颜色：四色印刷；印刷费用：318.00 元。

## 四、《寻路 1909——京张铁路人文故事纪实》的初版情况

模拟书的初版完成后，还有一些问题需要进一步修改，但是稿件的主要内容和结构框架基本通过，需要稍加调整。

首先，书中有些图片的清晰度不够，影响阅读效果和视觉效果，需要再找能够体现相关内容且清晰、色彩饱和度高的图片，尤其是在制作长拉页时所用“花海列车”的图片，需要保证更高的清晰度才能在成书中更好地还原图片色彩。

其次，书中版权页的制作不够规范，需要删减一些不必要的文字，调整版权页的格式使其更加规范、完整。

图书封面上“寻路”二字的字体需要改变，以更好地体现出铁路历史的厚重感与现代的创新性。封面上的“行驶的火车”线条图需要在印制时以烫金或烫银的方式呈现，以凸显火车线条。书名中的“寻路 1909”需要加入凹凸浮雕的元素，使其更加立体，以突出书名《寻路 1909——京张铁路人文故事纪实》的主题，在视觉上更具冲击力。需要对图书加以护封或腰封，以突出“铁路”要素。《寻路 1909——京张铁路人文故事纪实》的封面设计方案如图 4-7 所示。

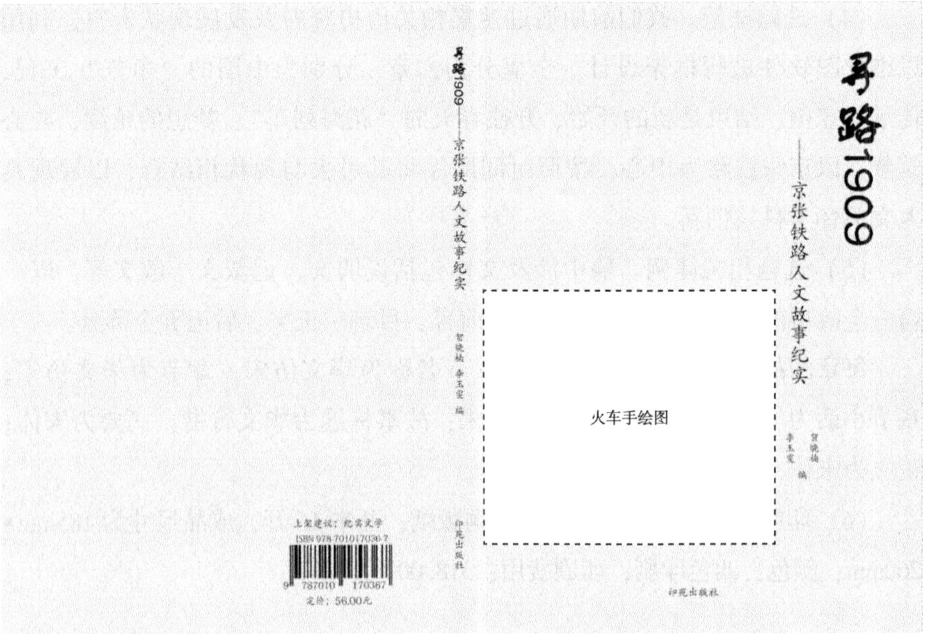


图 4-7 《寻路 1909——京张铁路人文故事纪实》的封面设计方案

## 五、调研报告

（1）相关出版物的出版情况。

铁路类图书大致可分为三类，即专业类、摄影纪实类和重大工程战略类。调研时，我们在当当网上选择各类图书中排名靠前、特点较为明显的几本书作为比较对象，在此基础上分析与《寻路 1909——京张铁路人文故事纪实》相关出版物的市场情况。

在调查中发现，相关出版物中铁路专业类图书较多。《铁路线路与站场》《中国铁路的政治功能与影响》《铁路线路工》《中国铁道百科全书》《中国铁路教育志稿（1868—2010）》，与《铁路机车电气装修工》《铁路车辆机械制修工》等详细技术解释类图书不同，对中国铁路从工种、相关知识、管理体制及发展历程等角度进行阐述。由于铁路专业本身的特点和相关内容的特质，铁路专业类图书面向的读者对象较少，因此相关书籍绝版或脱销后很难再次印刷，且因其受众面较窄不易成书。从当当网的销量来看，这几本书大多不如具体技术类图书销量大，特别是精装图书价格较贵，销量较少，但此类图书销量较少的原因可能是相关企业集体购买，网上零售较少，网站销量数据不全面。

在调查过程中发现，摄影纪实类铁路相关图书种类不如专业类图书多，但质量精良且销量可观。铁路相关的图书除专业领域的读者对象外，纪实故事类图书更多为普通大众读者所接受。此类图书叙事性强且多附有大量高清精美的图片，如王嵬的系列丛书《我的京张铁路》将消逝的场景手绘复原，全面展现京张铁路的历史变迁及现状，具有较高的知名度与销量。类似图书《火车上的中国人：中国改革开放40年影像记录》以照片背后的故事作为叙述重点，展现了特定时期中国人的集体记忆，从大众生活故事入手，吸引了大批普通读者。经调查发现，周云蓬的《绿皮火车》一书销量火爆，在当当网一家店铺的销量就可达1万册以上。该书在选题、叙述上都具有特色，成为此类图书中吸引读者的爆点（具体图书分析见后文的“六、出版物的市场发展前景”中的“同类书对比分析”）。与专业技术类图书不同，此类图书由于含有大量图片和人文故事，所以图书的精装本更受广大读者欢迎。

重大工程战略类图书较为特殊，其所写内容大多与国家重大工程相关，具有一定的社会意义，其中有对一些工程的记述，也有通过铁路专业向广大读者宣传“中国速度”“中国工程”，如《中国高铁丛书：高铁线路工程》是一部全面解读中国高铁技术国家战略的高端科普丛书；《中国铁道史》介绍中国铁路的发展史，其影响力和稀缺性受到广泛关注。此类图书尤其是精装本图书，由于其权威性、稀缺性而更受广大读者欢迎。从当当网上的销量来看，这类图书的销量虽不如一些摄影纪实类铁路相关图书，但在某种程度上与一些从更高角度撰写的专业技术类精装图书相当，企业、政府相关部门统一购买较多，网站零售销量不明显。

通过对网站调查发现，在铁路相关图书中，除专业人员学习的专业技术类图书有部分“必须购买”的因素外，与《寻路1909——京张铁路人文故事纪实》类似的摄影纪实类图书，尤其是图书精装本更受广大读者欢迎，而重大工程战略类铁路相关图书更有收藏价值。

（2）相关图书的销量。

从当当网的销量来看，专业类图书，如《铁路线路与站场》《中国铁道百科全书》《中国铁路教育志稿（1868—2010）》三本书单一店铺的销量均在100册以下；《铁路线路工》的销量在100册以上，该书由北京铁路局和北京铁路工人技师协会组织策划，具有一定的权威性，相比之下可吸引一些读者选择；《中国铁路的政治功能与影响》的政治逻辑等较强，符合国家政策，在网站上出现了“按需印刷售卖”的情况，可能是因为企业或事业单位大量购买，所以网上店铺的零售少有见到。

相比之下，较为畅销的摄影纪实类铁路相关图书的销量更好，其中与《寻路1909——京张铁路人文故事纪实》在内容和形式上较为类似的关于京张铁路的图书，如《我的京张铁路：穿越关沟》单一店铺销量300册以上，《那一条天路——詹天佑与京张铁路的故事》单一店铺销量200册以上，故事情节、叙述性较强的《火车上的中国人：中国改革开放40年影像记录》单一店铺销量1000册以上，而《绿皮火车》单一店铺销量具有明显优势，超过10 000册。与以上图书相比，《火车站》《中国火车头》两本关于火车的记忆性散文、随笔的单一店铺销量在100册左右，不具有明显优势。

由于重大工程战略类铁路相关图书具有收藏价值且符合社会发展趋势，在网上单一店铺销量不明显，存在企业或事业单位统一购买的情况，《中国铁道史》和《中国高铁丛书：高铁线路工程》单一店铺销量均在100册以上，而精装本《宜万铁路工程总结》一书单一店铺销量仅为十几册。此类图书由于精装本价格较同类书价格高，普通读者群体购买量也少。

（3）出版物的市场细分。

据开卷数据显示，2018年中国图书零售市场码洋达到894亿元，规模较2017年进一步上升。从整体市场渠道来看，网店继续保持较高速度增长，但增速有所放缓，实体书店出现“负增长”现象。

作为科技类图书，由于其特殊性，铁路相关图书的销售大部分局限于相关铁路科研单位，影响范围小，这大大影响了铁路工程类科技图书的快速发展。目前，科技类图书（如专业性铁路相关图书）的营销一般都是通过订货会、相关专业学术会议进行营销或宣传，举行图书展或将书讯刊登在有关杂志上，缺乏针对性，推广效果不明显，且出版铁路工程类科技图书的规模小、品种少，即使内容质量高、作者知名，由于其数量少，所以不能形成一定的规模。

（4）读者对象分析。

我们通过问卷调查的方式共发放问卷150份，其中回收有效问卷146份，在此基础上对调查问卷进行分析（问卷如下）。

### 铁路类图书市场调查问卷

您好！我们是北京印刷学院新闻出版学院编辑出版专业的学生，为了对铁路类图书进行细分市场调查，特设计此份问卷。本问卷采取匿名制，所有数据仅用于统计分析，不会对您的信息造成任何泄露，请放心填写。非常感谢您的配合！

此问卷共有21道题目，预计用时3分钟。

1. 您所在的城市［填空题］

________________________

2. 您所在的地区［单选题］

○城镇

○乡村

3. 您的年龄［单选题］

○5~16岁

○17~28岁

○29~50岁

○50岁以上

4. 您的性别［单选题］

○男

○女

5. 您的职业［单选题］

○在校学生

○行政机关人员

○企业单位职员

〇事业单位职员

〇自由职业者或个体户

〇退休或离岗

〇其他

6. 您是否为铁路相关工作者［单选题］

〇是

〇否

7. 您的月收入［单选题］

〇1500 元以下

〇1500~3000 元

〇3000~8000 元

〇8000~15 000 元

〇15 000 元以上

8. 您的受教育程度［单选题］

〇初中及以下

〇高中

〇中专

〇大专

〇本科及以上

9. 您购买过铁路类相关图书吗［单选题］

〇经常买

〇偶尔买过

〇没买过

10. 如果有一本铁路相关人文纪实类图书，您会选择购买吗［单选题］

〇买

〇不买

〇看情况

11. 如果让您选择一本铁路相关的图书，您会对哪个类型有需求［多选题］

□铁路运输工程专业图书

□少年成长课外阅读图书

□铁路相关史话故事类图书

□铁路历史研究

□铁路百科图书

□儿童科普

12~17 题为对各类铁路图书的兴趣程度调查，采取评分形式进行填写。1 分为很不感兴趣；2 分为不感兴趣；3 分为一般；4 分为感兴趣；5 分为很感兴趣。

12. 铁路运输工程专业图书［单选题］

很不感兴趣　○1　○2　○3　○4　○5　很感兴趣

13. 少年成长课外阅读图书［单选题］

很不感兴趣　○1　○2　○3　○4　○5　很感兴趣

14. 铁路相关史话故事类图书［单选题］

很不感兴趣　○1　○2　○3　○4　○5　很感兴趣

15. 铁路历史研究［单选题］

很不感兴趣　○1　○2　○3　○4　○5　很感兴趣

16. 铁路百科图书［单选题］

很不感兴趣　○1　○2　○3　○4　○5　很感兴趣

17. 儿童科普［单选题］

很不感兴趣　○1　○2　○3　○4　○5　很感兴趣

18. 您在什么时机会选择购买铁路类相关图书［单选题］

○书籍打折促销或有随书赠品

○铁路工程发展有了新技术

○国家开发的重大铁路项目

○铁路相关部门招聘人才

19. 您购买铁路类相关图书的目的有哪些［多选题］

□学习需要

□兴趣爱好

□收藏

□补充知识

20. 您更喜欢什么样的铁路类图书［多选题］

□专业或知名作者所著

□专业或知名出版社出版

□内容文字居多

□内容图片居多

□内容图文比例相当

□平装

□精装

□口碑好，被经常推荐

□价格实惠

21. 您认为铁路类相关图书的发展前景怎么样［单选题］

○很好，应该多出版

○一般

○不怎么样，没有太多人会买

在受调查人群中，北京地区消费者占多数，受调查者以东部地区居多，且城镇居民占比 73.9%，城乡对比较为明显。在受调查者中，首先是年龄为 17~28 岁的居多，占比超过一半；其次为 29~50 岁的，17 岁以下及 50 岁以上的。

受调查者中企业单位职员居多，占比 29.45%，其次为在校学生、行政机关人员、事业单位职员等，且 27.4% 的受调查者为铁路相关工作者，72.6% 的受调查者为非铁路相关工作者。由于受调查者中非铁路相关工作者人数较多，所以问卷存在一定的局限性。

在受调查者中，本科以上学历者较多，占比为 31.51%，初中以下学历者占比较少，其中受调查者的月收入为 1500~3000 元及 3000~8000 元的居多，收入较为均衡。在调查过程中发现，48.63% 的受调查者表示偶尔买过铁路类相关图书，39.04% 的受调查者表示没买过相关图书，而 12.33% 的受调查者则经常购买此类图书。

综上所述，虽然此次调查存在一定的局限性，但是在所有受调查者中关注铁路类相关图书的读者以中青年人居多，超过半数的读者偶尔或经常买此类图书。除铁路相关工作人员外，铁路类相关图书也逐渐进入普通读者的视野，成为读者愿意购买的图书。

（5）读者需求分析。

从对问卷调查结果分析可以看出，大部分人对铁路相关人文纪实类图书还是持开放态度的，更关注图书内容，若符合自己的兴趣则会根据情况购买。若选择一本铁路相关图书，58.9%的受调查者则更需要铁路相关史话故事类图书，45.89%的受调查者选择少年成长课外阅读类铁路相关图书，最后为铁路历史研究、铁路百科图书等。这一数据与在当当网上调查铁路类相关图书销量的数据基本符合，即相较于铁路专业技术类图书，摄影纪实类图书更符合大众读者需求。

通过进一步调查发现，对于铁路运输工程专业图书有30.82%的受调查者表示感兴趣，30.14%的受调查者表示一般。专业类图书对相关工作者、学者具有一定的影响力，也是铁路相关图书中销量较好的一类。对于少年成长课外阅读图书，39.9%的受调查者表示一般，34.25%的受调查者表示感兴趣。与铁路运输工程专业图书不同，此类图书面向的读者对象大多为青少年，这与儿童科普类图书相似，32.19%的受调查者表示对儿童科普类图书感兴趣。科技类图书作为科普、课外读物，是此年龄段读者的首选。若将内容枯燥、专业性强的铁路类图书制作成符合青少年成长认知的通俗易懂且科学性强的科普读物，那么其市场前景应会广阔。

与少年成长课外读物类似，铁路史话故事类图书也较受读者欢迎，36.3%的受调查者表示对此类图书感兴趣。此类图书的读者群体较为大众化，包括相关专业人员、青少年，甚至普通读者，因此其叙事性强、感染力佳，图文精美又贴近百姓生活，相比之下是铁路相关图书中特别受广大读者欢迎的。

在调查过程中发现，36.3%的受调查者表示对铁路历史研究类图书感兴趣。此类图书与铁路相关史话故事类图书相似，但又比其更加专业、严肃，趣味性少，读者对象多为相关专业学者。铁路百科图书是受调查者反映较好的一类，43.84%的受调查者表示感兴趣，29.45%的受调查者表示一般。在调查过程中发现，此类图书多为精装，图文精美且收藏价值高，价格相较其他平装图书高，多为 100~600 元。受调查者的月收入在 8000 元左右，此类图书处于读者可接受的范围，因此受关注度也较高。

通过问卷调查数据统计发现，60.96%的受调查者会因为兴趣爱好选择铁路相关图书，47.26%的受调查者会因为学习需要选择此类图书，而 36.99%的受调查者会因为补充知识选择此类图书，与收藏此类图书的消费者相近。可见，对于广大读者群体来说，选择此类图书的首要原因是兴趣爱好，其次由于其内容的专业性与技术性，因学习需要选择购买的读者也不在少数，因此在出版相关图书时首先要在图书设计或内容上引起读者的兴趣，内容既要生动有趣、严谨翔实，又要给读者以启发，制作精良兼具收藏价值。

除网络问卷调查之外，我们还进行了线下调研，走访部分实体书店，发现在实体书店中关于铁路类图书少有展示，没有独立的书架、书柜，尤其是专业工程技术类铁路相关图书在普通书店中少有，在北京图书大厦可以找到少量专业技术类图书，更多的是故事类铁路纪实图书。

通过网络书店调查发现，在当当网、亚马逊网、京东及淘宝书店上铁路相关图书较全，且销量较高，但在调查过程中很多图书出现显示缺货或按需印刷的情况，很多网络书店存货较少，甚至有二手图书售卖，但像《火车上的中国人：中国改革开放 40 年影像记录》等摄影纪实类图书销量较好，且销售店家多，发货速度快。

（6）出版物需求影响因素分析。

通过问卷调查发现，当铁路工程发展出现新技术时，更多人会选择购买铁路类相关图书，23.29%的受调查者会因为书籍打折促销或有随书赠品时选择购买此类图书，21.92%的受调查者会在国家开发重大铁路项目时购买此类图书，13.01%的受调查者选择在铁路相关部门招聘人才时购买此类图书。随着我国科技水平的不断进步，领跑“中国速度”的中国铁路技术发展愈加受到大众的关注，由其衍生的图书也随着工程技术的发展受到读者喜爱。除了国家政策和国家工程对铁路相关图书的影响外，图书的价格也是影响读者购买的一大因素。平装铁路相关图书的售价为 30~50 元，更具有收藏价值的精装图书价格则为几百元不等，超出部分读者购买图书的预算，所以图书在进行打折销售或赠送赠品时会吸引部分读者购买。

除外部因素外，图书的内容、作者、出版社、封面设计也是影响读者购买的因素。首先，通过调研发现，对铁路类图书来说，专业或知名出版社出版是首要影响因素，在读者喜爱的图书类型中占比55.48%，有明显优势。调研发现，在铁路类图书出版方面，中国铁道出版社和西南交通大学出版社出版此类图书较多，专业性较强，被更多读者认可。尤其是中国铁道出版社，它作为隶属于中华人民共和国铁道部的唯一一家以出版铁道科学技术书刊为主的出版机构，其出版的铁道相关科学技术书刊具有一定的权威性和内容高质量的保障，是广大读者群体考虑此类图书的首选。

其次，29.45%的受调查者喜欢专业或知名作者所著图书，作者的知名度也是读者在选择时考虑的一个重要因素。就专业铁路工程技术类图书而言，其作者多是该领域的专家，所著图书具有一定的学术价值与权威性，是要学习该领域知识的读者的第一选择。而摄影纪实类或史话类铁路相关图书的作者范围则较广，因其对专业性要求不高，更注重故事的叙述性与图片的精美价值，其作者更多是铁路相关爱好者或研究者，但因其没有形成规模，所以读者在购买此类图书时可能会综合考虑图书的出版社、内容、价格及包装等方面。

再次，40.41%的受调查者表示，与内容文字居多的铁路图书相比，更喜欢内容图片居多的铁路图书，26.71%的受调查者表示更喜欢内容图文比例相当的铁路图书，而23.29%的受调查者更喜欢精装图书，超过喜欢平装图书的受调查者。在铁路图书内容方面，将近一半的受调查者更喜欢图片居多的内容形式，而在所调查图书中摄影纪实类或史话类铁路相关图书中内容图片居多。由于一般铁路工程技术类图书内容较为专业、严肃，所以除相关专业人士外，大众读者很难对其产生阅读兴趣，而图片居多的铁路图书内容增强了阅读过程中的趣味性、观赏性，配以叙述性强且贴近生活的文字会更受读者青睐。

最后，在图书包装设计方面，图书是否精装是读者考虑的又一因素。在调查中发现，一般专业铁路工程技术或科技类图书都为平装，因考虑到价格因素和使用因素，平装是此类图书销售的较好方式，也是更具实用价值的方式。而销量较好的摄影纪实史话类或具有重大战略工程意义的铁路相关图书多为精装，前者多因其内容图片居多且精美而选择精装，后者因其内容的重要性、权威性及稀缺性，选择精装较为严肃、庄重，符合此类书的内容价值。读者在选择时也会因内容、价格等因素选择图书的精装或平装。

## 六、出版物的市场发展前景

（1）出版物效益预测。

从社会效益角度分析，2018 年是中国改革开放四十周年，中国铁路也在四十年的光阴中走向成熟。2016 年，我国勾画新时期“八纵八横”高速铁路网的宏大蓝图，打造城际高速铁路网，造福周边百姓。随着中国科技的发展，高铁工程向世界展现了“中国速度”，让今天的中国拥有更多的“名片”，成为世界上高速铁路建设运营规模最大、技术最全面、管理经验丰富的国家，已成为中国“创时代”的新标志。与此同时，京张高铁是“八纵八横”高速铁路网的重要组成部分，也是 2022 年北京冬季奥运会的重要交通保障设施，诠释智能、绿色、人文的内涵，展示“精品工程、智能京张”的中国高铁魅力，将万里山河浓缩于 200 多千米的线路，成为举世瞩目的高铁线路。

这样一条历经百年的铁路不仅见证时代的变迁，而且阅尽世间沧桑。选题以京张铁路为载体，以历史进程为时间轴，记录在这条铁轨上默默付出的人们的“京张情结”，并通过沿途的自然风光与人文变化，从某种角度反映中国社会的现代化进程，让广大读者感受京张铁路的历史发展与人文特色，进一步加深读者对中国铁路的认识，感受中国铁路的魅力。

从经济效益角度分析，此选题图文并茂，且以精良图片居多，叙事性强，为更好地体现图书的价值，以精装形式呈现，单本售价易为大众所接受，若做成系列图书则更具收藏价值。

（2）同类书对比分析。

我们将此选题与当当网上销量较好、较为知名的三本同类铁路相关图书进行对比分析，它们分别是《我的京张铁路》系列图书、《中国铁道风景线——探寻最美中国铁路》《绿皮火车》。

《我的京张铁路》系列图书共分三册，分别是《我的京张铁路：开通首段》《我的京张铁路：奔向外口》《我的京张铁路：穿越关沟》。该系列图书的作者王嵬是一位铁道摄影师、铁路文化学者，他用了十余年以田野考察、沿线老职工与居民的口述历史、同机位新旧图片对比、旧资料及图片的手绘复原、全线文物普查，展现了京张铁路南口—康庄段的变迁、历史遗存、文物现状。该书重点介绍老火车司机的口述历史、蒸汽机车在关沟段的操纵等内容，与《寻路 1909——京张铁路人文故事纪实》相比，其故事脉络清晰、结构完整，从时间和地点两条线索划分，共分三册介绍京张铁路自开通以来的历史发展进程，全部图片皆为作者摄影或手绘复原，具有较高的艺术价值。虽然《寻路 1909——京张铁路人文故事纪实》以重要时间节点划分，内容较为浅显且相比之下图片的收藏价值不高，但书中故事时间线较长，从京张铁路开始建设、运行、停运，再到至今的新线开通与未来发展，讲述从前至今在此线路上辛勤付出的工作者，一代一代人在这条线路上使命的接替，科学技术大国工程的进步，以小见大，更贴近大众生活，以精装形式呈现，注重图书的收藏价值。

《中国铁道风景线——探寻最美中国铁路》是一本视觉类铁道科普图书，精选了滨绥、滇越、京张、青藏等 7 条国内极具风景人文之美与历史文化价值的铁道线，用详细的文字和精美的图片介绍它们的历史、变迁与风景。该书作者是国内知名铁路摄影师和资深铁道科普撰稿人，书中精选他多年拍摄的 300 余张精彩的铁道摄影作品，以线路行走为主线，包括滨绥铁路、滨洲铁路、京张铁路、滇越铁路、个碧石铁路、青藏铁路、峰福铁路，文图并重进行介绍，并以平装形式出版。与之相比，《寻路 1909——京张铁路人文故事纪实》仅介绍京张铁路一条线路，虽然也是最美线路之一，若比较“最美线路”则内容不够全面，但本选题更侧重于京张铁路发展史中的人文故事，叙事性强，内容翔实，时间线索清晰，能够更详尽、完整、真实地介绍一条铁路发展至今的真实情况，符合大众读者的阅读喜好。

《绿皮火车》是此次调研过程中在当当网上销量最好的一本书。这本书是民谣诗人周云蓬从 2011 年至 2012 年年初的歌游记合集，分为“一路”“二歌”“三人”三个部分，其中有不少文字出自他在《南方都市报》的《首如飞蓬》专栏。作者周云蓬天南海北地游唱自己的歌，认识一些志同道合的人，把自己的“行路、歌唱、遇人”经历写成文字，为过去的岁月做见证。作者通过文字让更多人了解自己广阔的内心世界。与其他介绍铁路历史、知识、风景等图书不同，这本书少有图片，无关铁路风景，更像一本作者日记，以绿皮火车为载体的游记，路途中会聚形形色色的人，走进不同人物的内心世界。作为同类书，《绿皮火车》与《寻路 1909——京张铁路人文故事纪实》存在很大差别，其中无大量精美摄影图片相辅，无单纯的铁路沿线风景或“最美铁路线路”介绍，更侧重于作者游历的故事情节，有记叙，有议论，叙人述事有感而发。这是《寻路 1909——京张铁路人文故事纪实》在故事叙述上应该借鉴的地方，也是《绿皮火车》与众不同的地方。本选题以京张铁路为载体，以历史进程为时间轴，记录在这条铁轨上一代又一代人的付出，以记录沿途自然风光与人文变化的方式反映中国社会的现代化进程，虽然图文精美，侧重于铁路的历史发展进程，但与《绿皮火车》相比故事的感染力不强，内容也不够深刻。

（3）未来发展趋势。

随着 2022 年北京冬奥会的举办和“八纵八横”高速铁路网的连续开通，高铁作为百姓生活中必不可少的交通工具，也是“中国速度走出去”的大国“名片”。中国改革开放四十年来，中国百年铁路发展进程中的每一个时间节点都是一座值得纪念的里程碑。中国铁路的大发展造福百姓，为百姓生活带来切实的便利，以后中国高铁标准将走向世界，展现中国力量，因此随着国家政策的推动、科技的发展、大国工程的实施，铁路图书将会受到广大读者的更多关注，具有较好的市场发展前景。

## 七、《寻路 1909——京张铁路人文故事纪实》策划方案

一条百年铁路，见证了中国历史发展中或屈辱或荣耀的时刻；一辆满载岁月的火车，牵动着中华民族走向崛起的心愿。京张铁路自 1909 年建成至今，见证了中国一个时代的变革，从中国的“争气”工程到百年后的“中国速度”。如今的京张铁路不仅续写了百年传奇，而且成为世界领先的智慧高铁。

本选题主要围绕京张铁路展开，着重讲述人文故事，语言通俗易懂，适合对铁路感兴趣的读者及普通读者阅读。恰逢 2019 年是京张铁路建成 110 周

年，本选题抓住了为迎接北京 2022 年冬奥会建设京张城际高铁的热点。为使本书更好地进入市场，被读者广泛接受，我们撰写了策划方案。策划方案主要有以下四个部分，即影视作品、周边产品、收藏品及系列图书。

### （一）影视作品

1. *动画*

（1）形式。

动画制作主要采用现代二维彩色动画形式。二维动画是徒手在平面材质上绘制或是由计算机软件以逐个表现的二维线面造型为起点，经过精描、上色等过程产生的一系列连续运动的画幅，以视频的形式输出之后再进行配音及配乐，从而形成艺术类影视作品。与三维动画相比，二维动画更适合具有情节的故事类题材，与本选题重点叙述的人文故事更加贴合。三维动画在视觉感受上比二维动画更具优势，画面呈现更具有空间纵深感，对特定题材的动画来说具有较好效果，如热血战斗类、科幻类，但是对于本选题不是那么必要，因为故事整体基调更偏向叙述，大部分时间是平淡的，如有部分场景要表达激昂热烈的情绪，可以交替使用三维动画，以更好地烘托氛围，如京张铁路初建成时。在经费上，二维动画比三维动画更节省，在经济效益上更具优势。考虑到经费情况，二维动画也将采取不逐帧形式，逐帧会使画面更加流畅，尤其在打斗情节上会夺人眼球，但本动画选题中的这种情节寥寥无几，所以综合考虑采用不逐帧形式，便可满足需求。

同时，现代二维动画是在传统二维动画的基础上，采用计算机技术与手绘相结合的方式，利用现代技术平台（如输入输出设备、动画制作软件等）制作动画艺术作品，大大减少了动画制作的人力消耗，提高了工作效率和动画艺术作品的观赏性，同时达到节省经费的目的，提高经济效益。

与其他表现形式相比，选择彩色动画是由本选题的题材性质决定的。原本，我们与彩色动画同时考虑的是水墨动画，水墨动画更有中国味道。而本选题主要围绕京张铁路，它是中国第一条自主设计并修建的铁路，在铁路发展史上具有里程碑的意义，其发展也从各方面反映了中国社会的发展进程。虽然水墨动画的表现形式更有中国味道，但选题的中心是火车和铁路，水墨动画所产生的缥缈轻灵的视觉感受在这里会有违和感。

（2）内容。

《寻路 1909——京张铁路人文故事纪实》按照京张铁路的发展历程共分六章，分别记录詹天佑初建铁路、铁路工作者守护铁路、双机推挽时代、花海列车、现代人与京张铁路的情缘及为冬奥会开展的建设。选题中所记录的故事是单元式的，划分为六章，发生时间并非前后相连，所以在动画制作时选取其中一章内容细化即可，不适合对全部内容涵盖。我们会选取第一章“中国的‘争气’工程”进行制作，这一章主要讲述詹天佑设计建造京张铁路时所遇到的困难及解决困难的过程，具有更多的矛盾和冲突，如金达的冷嘲热讽、技术的局限及地理形势的险峻等。这部分内容具有更多的故事情节，曲折的铁路建设过程也更能引起观众的兴趣。同时，我们将制作内容范围缩小，易将故事细节化，使人物性格更饱满，情节也相应流畅，在整体效果上会上升一个层次。这部分内容更容易做成面向各年龄段，故事通俗易懂，也适合青少年观看，可以达到历史普及的效果。

2. 纪录片

（1）内容。

纪录片的内容可以参照选题目录，即中国的“争气”工程、传承与守望、结束是新的开始、开往春天的“花海列车”、梦想的延续、匠心筑梦，六章分别对应六集，以单元的形式展开叙述。在此之前，已经有几部关于京张铁路的历史纪录片，但它们大多是讲述詹天佑建造京张铁路期间的事情，对京张铁路的后续发展没有再做详细的讲述，并且这些纪录片都为系列电视节目的其中一集，如《大揭秘》。在《大揭秘》中，纪录片主要是通过历史影像资料阐述工程建造的难题，将重点放在建设上，讲得非常详细，也非常吸引人。在这个前提下，我们所做的纪录片可对工程建造部分内容稍作规避，避免出现两个作品对比的情况。我们可以将侧重点放在詹天佑上，辅以铁路建设发展过程，从不同的角度吸引观众。纪录片与书籍的传播方式有所不同，更需要在第一集时就引起观众的兴趣，这样才会尽可能地吸引观众继续往下看。按照时间顺序及选题目录，中国的“争气”工程放在纪录片开始是比较合适的选择，这部分只是换一个角度叙事还无法达到预期的效果，需要其他亮点为这一集，甚至整部纪录片增色。

我们预计拍摄六集，除了第一集讲述铁路建设之初的故事外，其他五集讲的都是京张铁路后续发展的故事，这一设想是之前的纪录片所不具备的。除了故事本身的内容外，我们不能忘记做这部纪录片的另一个目的——图书推广。京张铁路纪录片的制作可在一定程度上影响书籍的销量，而书籍的销量也在一定程度上影响纪录片的收视率，二者是相辅相成的，所以为了达到对书籍进行宣传推广的目的，我们要让书籍自然地出现在纪录片中，以较为合适的方式进入观众的视野。

值得一提的是文案的撰写，纪录片主打人文特色，每一集都由多个故事组成，并且大部分是铁道工或者相关人物的故事，比较接地气，所以旁白的文案可以不那么严肃，增加一些更有人情味的话语，会使观众更容易融入情境，整体风格也会比较轻松，可以参考纪录片《人生一串》。

（2）形式。

要在内容的基础上增加亮点，就要在形式上下功夫，新颖的形式会更有效地提升一部纪录片的整体品质。

①旁白角度。

旁白是纪录片中不可缺少的要素，以在关键时刻向观众解释影片的内容，同时起到衔接前后内容的作用。传统纪录片的旁白一般采用第三人称，但在纪录片《万物滋养》中片方对旁白做了创新，将旁白改为第一人称，讲述发生在自己身上的事情。《万物滋养》是一部集自然与美食于一体的纪录片，分为森林、大海、旱地、田野、江湖、高原六个部分，每一部分为一集，每一集的旁白都以森林、大海等的视角进行讲解，旁白的语气也会随不同的身份发生不同的变化，对本身没有感情的自然赋予了人情味，体现出不同的性格，成为观众对每集期待的精彩点。

我们的纪录片可以参考这种旁白角度，从第一人称的视角叙述，同时要加入自己的创新。纪录片本身是以讲故事的形式叙事，我们可以将这种讲与听的关系放大，使故事的主要人物做旁白，在他的讲述下以画面的形式将故事本身还原。在听觉与视觉的双重作用下，娓娓道来，像故事主人公与观众面对面讲述自己的过往一样，使观众对故事投入感情。对于已过世的主要人物，如詹天佑，其旁白可以找人替代，或者找其后人代为讲述。

②手法。

叙事手法采用虚实结合，能够捕捉到的现实画面，则进行实地拍摄，而像京张铁路初建或者双机推挽火车运行的画面，在现实中已无法采集，则可利用插叙的方法以影像资料进行叙述，或结合动画方式还原场景。

在拍摄手法及镜头运用中，应注意大场景画面与细节画面的结合。在纪录片中，细节是展现内容的重要元素，通过细节的拍摄可以更好地诠释内容，全面展示纪录片的拍摄成效。对于细节的捕捉，要想把细节完全呈现出来，除了一般镜头的运用外，特写镜头的运用也是十分必要的。从目前纪录片的拍摄效果来看，适当运用特写镜头，不但可以提高纪录片的拍摄质量，而且能全面呈现细节特征，使细节内容能更完整地展示在观众面前，达到提高纪录片拍摄水平的目的。同时，可以运用长镜头，带给观众更深刻的感受，留给观众更多时间强化印象，参与其中，让观众身临其境。纪录片的风格可参考《非洲》《王朝》及《航拍中国》，虽然这三部纪录片的题材与我们的纪录片有很大差异，但是优秀的拍摄手法是可以借鉴的。比如，《非洲》通过对细节的拍摄赋予动物人物化个性；《王朝》运用大场景镜头呈现对比的画面，展示自然的残酷；《航拍中国》运用长镜头展示不同地区建筑的细节。

③书籍推广。

因为我们在纪录片中会有很多虚拟还原的场景及部分历史影像资料，这部分是以插叙的形式展开的，所以在顺叙与插叙之间需要过渡，这样才不至于显得生硬。这时，书籍便可用来作为转场，可以是实物形式，也可以是漫画形式，具体根据需要进行调整，但要在封面上体现书名，翻开书籍，打开特定的页面，用线条将内容画出，接着画面移到图片位置，以遮罩转场来实现从图片到相应视频的转换。如此一来，我们便将图书以转场的形式融入纪录片，并且几乎每集都会出现，达到宣传的效果。

### （二）周边产品

1. 明信片

明信片是文创产品中比较常见的一种，成本也比较低，实现起来比较容易。明信片的制作可以分为不同系列，如手绘火车系列、站台系列、沿途风景系列及车票和站台票系列。手绘火车系列比较直观，将在京张铁路上行驶过的火车按型号做成系列，然后根据实体图片进行手绘。难点在于对火车型号及实物的确定，绿皮火车已经退出京张铁路的舞台，曾经在这条铁路上行驶的双机推挽火车也随历史远去，要了解过去的火车型号，只能大量查阅资料或者找相关部门咨询。站台系列主要做的是京张铁路沿途站台，如丰台站、北京北站、清华园站、清河站、沙河站、昌平站等 30 个站台，表现形式可以手绘，也可以实景拍摄。沿途风景系列的图片选取大致可有两个方向：一是风景秀丽，如花海列车、居庸关长城等；二是能够展现出克服天堑的建设成果，如居庸关隧道、人字形铁路等。车票和站台票系列则主打情怀，2014 年 7 月，京张铁路停运，在最后一趟列车上，众多火车爱好者纷纷赶往清华园站向京张铁路道别。我们可以抓住消费者对京张铁路的感情，以怀旧为核心，做一系列仿制当年的车票和站台票的明信片。明信片要根据当年运行时真实的站点及行驶的列车制作，具体形式可以参考如今售卖的车票和站台票。

2. 书签

书签根据火车型号以系列的形式呈现。制作书签的材料首选金属，因为金属的质感与火车这一形象更加匹配，同时金属材质比较坚硬，质量有保证，不易损坏，易于保存。在图案上可选择火车的手绘图，加以镂空技术，使书签更加精致。同时，可以给书签一端加上一个小吊牌，上面是对该型号火车的简单介绍，可以使消费者更了解这列火车，也方便使用，便于快速翻开标记的页面。

3. 收纳盒

制作系列收纳盒，因为考虑到实用性，所以只制作站台系列，外形为站台的卡通形象，但要做到还原，该有的特征一定要有，主要是站台名，这样才能让消费者看一眼就知道是哪个站台。因为沿途站台有 30 个，全部制作收纳盒不太现实，为了尽可能提高经济效益，所以考虑选择制作其中几个知名度较高的站台，如清华园站、青龙桥站、南口站、张家口站等。

（三）收藏品

1. 火车模型

火车模型仍然根据火车型号进行制作，选用 PVC 材料，因为 PVC 材料在不被腐蚀的情况下寿命相当长，所以质量有保障。同时，相对于纸模等其他材料，PVC 材料更有重量感，在手感上更好，也更适合“火车”这一主题，在细节刻画及色彩上也更容易把握，可以使火车模型更加精致。

2. 主题邮票

与中国邮政集团有限公司合作发行一套京张铁路主题邮票，票面为各种具有重大意义的建设成果，如各种险关、隧道及桥梁等。

（四）系列图书

2016 年 7 月，国家发展和改革委员会、交通运输部、中国铁路总公司联合发布《中长期铁路网规划》，勾画了新时期“八纵八横”高速铁路网的宏大蓝图。“八纵”通道包括沿海通道、京沪通道、京港（台）通道、京哈—京港澳通道、呼南通道、京昆通道、包（银）海通道、兰（西）广通道。“八横”通道包括绥满通道、京兰通道、青银通道、陆桥通道、沿江通道、沪昆通道、厦渝通道、广昆通道。普速铁路网规模将在 2025 年达到 13.1 万千米左右，扩大中西部路网覆盖，完善东部网络布局，提升既有路网质量，推进周边互联互通，形成覆盖广泛、内外联通、通边达海的普速铁路网。

中国铁路众多，辐射地域辽阔，并且目前国家正大力开展铁路规划，所以对于系列图书的开发来说，围绕中国铁路这一主题，我们将能够策划数量非常多的图书，每一条铁路便可做出一本图书。在系列图书规划方面，我们可以从两个方面着手：一是战略意义重大的铁路，二是中国最美铁路。因为它们是系列图书，所以其他图书也应该围绕人文故事这一特点展开。

对于我国具有重大战略意义的铁路，我们计划选定 6 条，分别为青藏铁路、成昆铁路、津浦铁路、川藏铁路、焦柳铁路、贵广铁路。我们在策划这些图书时应着重体现它们的重大战略意义。

对于最美铁路，我们暂选定 12 条，分别为京广铁路、兰新铁路、大丽铁路、拉日铁路、湘黔铁路、内昆铁路、襄渝铁路、合福高铁、吉图珲高铁、海南环岛铁路、沪昆铁路及粤海铁路。在制作这些图书时，我们可以调整一下图文比例，放入更多图片，更好地体现铁路的美。

# 第五章

# 期刊基本运作

一本期刊的运作需要期刊社全体人员的通力协作才能顺畅进行。一个合理的期刊社组织结构应该有社长、总编辑、副总编辑、编辑部主任、美术总编辑、图片总编辑、责任编辑、记者等人员，必须具有编辑部、发行部等部门。只有这样，期刊社才能按照流程使期刊从创意策划到编辑加工，再到印刷发行，最终送到读者手中。如果进行期刊策划，那么要对期刊运作有基本的了解。

## 第一节　期刊社的机构设置

期刊社的机构设置是通过其部门设置、人员配备和运行方式体现的。期刊社各部门按照一定的运行方式实现其职能。具体期刊出版单位的机构设置与运行机制都是基于适合自身发展的需要而进行的。

长期以来，期刊社的机构设置较为简单，人员编制较少，一般情况下，期刊社是以进行内容生产的编辑部为核心进行运作，将期刊发行等工作委托给国家的邮政部门，再设立财务、总编室等部门，从而实现完整的机构设置和运转。

改革开放初期，期刊社的机构设置延续长期形成的行政化特征，只限于设置办公室、总编室、编辑部、发行部这些主要部门，其中编辑部和发行部是主要的业务开展部门，办公室是囊括人事、劳资等行政职能的部门。具体的期刊业务是围绕编辑部与发行部进行的，其他部门则为编辑部与发行部提供保障和支持。

随着市场经济的发展，特别是整个出版行业改革的不断深入，进行市场竞争的期刊社面临与过去完全不同的市场环境和社会环境，期刊社的机构设置需要不断调整以顺应新形势，部门分工需要细化和专业化。例如，一般中型期刊社出现了除社长办公室和总编办公室之外的社办公室、人事部、财务部、编辑部、记者部、广告部、外联活动部、经营部等，规模大一些的期刊社还有理论部、国际部等，很多期刊社都特地聘请专职或兼职法律顾问。

常见的期刊社机构设置可以分为以编辑部为主体、以发行部为主体及现代期刊社的结构三种主要类型。

## 一、以编辑部为主体的机构设置

以编辑部为主体的机构设置类型是期刊社中较为常见的。哲学社会科学类、自然科学技术类期刊是我国期刊的主体，这两类期刊的共同特征是偏于学术和专业，读者多为特定领域的学者和研究人员，读者总体数量不多且分散于各地高等院校、科研机构等，因此这两类期刊的读者往往是特定的专业领域，期刊发行数量较少但市场相对固定。期刊在内容设置上侧重于具体专业领域，强调内容的专业性与深刻性，在期刊的内容结构、栏目设置等方面不做太多要求。期刊内容往往是以学术论文为主要代表的文章集合，期刊社把主要精力放在对内容的管理上，编辑加工过程更多是对学术论文质量的把控。

此类期刊社人员数量较少，并且人员主体集中于编辑部，机构设置是以编辑部门为主体，往往设置编委会、外审专家团等。编辑部门按照期刊的编辑流程对稿件进行审稿和编辑加工，其他部门主要起辅助作用。

此类期刊的发行范围具有很强的针对性，主要是面向特定领域和特定市场，期刊在出版后通过邮政发行和编辑部邮寄就能覆盖绝大多数发行范围，期刊社只要建立编辑部门与印厂、邮政部门的对接渠道即可完成发行，发行部门由极少人员构成，甚至不设立专门的发行部门。此类期刊社以编辑出版期刊作为基本任务，由于依靠国家财政部门各种形式的拨款，很少有经济上的压力，市场性不强，直接经济效益不明显，但因为此类期刊的主管主办部门多为某学科协会、政府部门、高等院校、科研院所等，所以期刊在政治、经济、科技等方面的影响和作用巨大。

## 二、以发行部为主体的机构设置

以发行部为主体的机构设置也是期刊社较为常见的。以发行部为主体的期刊社机构设置与以编辑部为主体的期刊社机构设置没有本质区别，只是说明该类期刊的市场化程度更高。对期刊社的机构设置适时地调整并逐步完善，大多期刊社分为办公室、总编室、编辑部、出版发行部、广告经营部、活动策划部、对外联络部等部门，它们在工作中相互配合，形成完整的组织结构。一般而言，具有一定规模的期刊社在行政管理上设有由办公室统一管理的劳动人事部、财务部等职能部门；规模较小的期刊社办公室行政管理人员往往身兼数职。以发行部为主体的期刊社是自收自支、自负盈亏、独立核算的期刊经营单位，是集编辑出版、发行广告及社会活动等部门于一体的组织机构，各部门要共同承担创造社会效益和经济效益的任务。

相较于自然科学技术期刊、哲学社会科学期刊、高等院校学报等，此类期刊的发行量往往较大，但对于大众综合类期刊百万级的发行量而言又是较小的。此类期刊的编辑部门完成内容编辑后，整合预留的广告版面，按照编辑出版流程进行印刷出版。此类期刊主要通过邮政发行渠道和报刊亭等完成发行。由于发行数量相对较大，期刊社需要加大发行力量，因此发行部门人员相对较多。一方面由发行人员完成与邮政发行和零售渠道的对接；另一方面此类期刊中较大印量的期刊为节省运输费用和降低发行成本，在外省建立分印点等工作也主要由发行部门完成。同时，期刊的广告维护和市场开发等也主要由发行部门完成。

整体而言，此类期刊市场性较强，经济效益较为明显，同时其主管主办部门多元，在经济、科技、文化等方面的影响作用较大，在市场上表现活跃。

## 三、现代期刊社的结构

随着出版行业体制改革的不断深入，越来越多的期刊社在保留传统的编辑部、发行部等主要部门同时，根据时代发展和市场需要，建立了能够体现时代特色、顺应出版体制改革和与国际惯例接轨的现代期刊社。

随着市场经济的发展，特别是期刊市场竞争的加强，期刊社的机构设置需要调整和加强，部门的分工需要细化。在国内外产生一定影响并形成一定规模的现代期刊社设有社办公室、总编室、人事部、财务部、编辑部、记者部、发行部、广告部、经营部及社会活动部等部门；规模大一些的期刊社还设置国际部等；很多期刊社另外设置法律顾问部和新媒体部门，特地聘请专职或兼职法律顾问。

此类期刊虽然设置部门较多，但各部门的具体业务各自独立又相互补充。除针对各项具体业务开展工作之外，各部门共同对出版人或总编辑负责。此类期刊在内容上面向大众市场，也往往以细分的具体市场为服务对象，发行量较大且较为稳定，能够吸引广告后续投入。

部门设置是将现代期刊在经营上专业化的体现。各部门职责具体、明晰，能够专注于完成各自的工作，并能够在出版人和主编的领导下形成合力，形成持续出版的高质量期刊内容和保持对相关市场的持续影响。

此类期刊各部门负责人往往针对专门业务，如出版人、广告总监、发行经理、印务或印务总监、新媒体总监等的设置，涵盖期刊内容生产以外的业务。同时，编辑部仍然是内容生产的主体，编辑部的规模越大，分工越细，有主编或执行主编、编辑部主任、责任编辑、资深或首席编辑、编辑或记者、流程编辑、图片或视觉编辑、特约撰稿人等人员，这也体现了现代期刊社的专业分工。

例如，《三联生活周刊》由中国出版集团有限公司主管、生活·读书·新知三联书店有限公司主办，除设置总编辑、副总编辑、主编、副主编之外，下设采编中心、视觉设计中心、发行服务中心、新媒体发展中心、行政管理中心等。在各个中心形成基本的部门设置之外，各部门下设具体岗位，如采编中心下设主编助理、资深主笔、主笔、特约撰稿人、主任记者、记者、摄影记者、见习记者；视觉设计中心下设视觉设计总监、图片总监、美术编辑、图片编辑、编务总监；发行服务中心下设发行总监、营销经理、发行经理、发行助理、发行财务、发行物流、营销策划、读者服务部、文丛发行；新媒体发展中心下设新媒体发展总监、市场经理、市场专员、技术经理、技术专员、运维经理、运维专员；行政管理中心下设行政主任、行政助理、财务总监、财务主任、出纳。《三联生活周刊》的机构设置，一方面以不同的业务板块进行区分；另一方面每个业务板块下的具体业务也进行细分，从而形成一个条块合理、层级清晰、权责明确、运行良好的期刊整体。

## 第二节　期刊社的工作人员

在组织架构之下，期刊社根据工作人员具体工作内容的不同设置不同的工作岗位。这里以市场化程度较高的大众综合类期刊社为例，分析期刊社工作人员构成。

### 一、期刊社主要部门负责人

1. 出版人

对一些期刊而言，出版人就是所有者；而对另一些期刊来说，出版人是负责监管期刊的编辑、业务部门及经营的人。通常来说，出版人负责广告销售、零售、订阅、生产、宣传和财务等重要业务。大多数出版人也负责预算，做财务计划，以及同期刊的高层沟通。总之，出版人管理期刊业务的各个方面，同时要协调编辑部门与其他部门的关系。

2. 广告总监

广告总监负责管理广告部门，制定广告策略和工作流程，主持或协助出版人完成期刊的品牌推广工作，并负责实现广告销售目标。

3. 发行经理

发行经理负责把期刊送到读者手中。对于既有订阅又有零售的期刊来说，一个好的发行经理至关重要。

4. 印务或印务总监

大型的期刊社或出版集团通常会设有印务或印务总监一职，印务或印务总监负责与期刊印刷有关的工作，如参与期刊印刷价格谈判、签订印刷合同、协调印刷周期、监督期刊的印刷质量等。

## 二、期刊社编辑部

期刊社编辑部的规模和人员分工各不相同，差别很大。通常来说，要出版期刊，无论期刊社编辑人员的数量或期刊的性质如何，都必须有人去做那些不可或缺的工作，而且编辑部的规模越大分工越细。

1. 主编或执行主编

主编或执行主编把控一本期刊的编辑内容并制定编辑方针，协调编辑、美术编辑和发行部门，确保期刊按时保质出版，管理编辑和校对人员，所有编辑对其负责。通常来说，主编或执行主编的品位决定一本期刊的品质。

2. 编辑部主任

编辑部主任是主编的助手，协助主编管理编辑部的日常工作，使主编尽可能地减少那些辅助性或者单纯监督的非创造性工作。

3. 责任编辑

期刊社指派一些编辑负责某一期或几期期刊的编辑工作，这些编辑通常被称为“责任编辑”，他们的工作与负责各期刊的主编的工作十分相似。在赋予责任编辑一定自主权同时，主编始终具有在期刊出版过程中任何阶段的主导权。期刊责任编辑制度是帮助主编分担工作的一种方法。有时在主编职位空缺的情况下，责任编辑会暂时代为执行主编职责。

4. 资深或首席编辑

资深或首席编辑是负责策划期刊的重要选题或完成深度报道的编辑。通常，他们具有丰富的经验，可指导文字编辑写作并监管一些编辑人员，能够完成主编安排的职责内的所有编辑工作。

5. 编辑或记者

在具有一定规模的期刊社，编辑人员应该有文章编辑和负责某一特定专栏或选题写作的编辑。这些编辑的主要工作是负责期刊内容的构思、资料的收集和加工。编辑人员还应包括记者（采编），他们负责采访、写作工作。文字编辑不仅要负责稿件的文字编辑和校对，还要对事实进行调查与核对。

6. 流程编辑

一些期刊社会设有流程编辑一职，他们在编辑部主任的领导下工作（有时也由编辑部主任兼任），主要负责收集、整理编辑部所有稿件并督促文字编辑按时交稿，以及协调美术编辑与文字编辑的工作对接。流程编辑必须清楚编辑部的工作进度，并随时向主编汇报，这是编辑流程中一个非常重要的环节。

7. 特约撰稿人

在一些月刊中，特约撰稿人的名字被列在刊头，在工作流程中特约撰稿人会参加编辑会议。期刊社经常请一些知名作家或专家作为特约撰稿人。他们虽然很少定期投稿，但在提升期刊品牌形象和吸引读者等方面具有非常重要的作用。

8. 图片或视觉编辑

由于期刊的内容不同，一些期刊的编辑部设有图片编辑，也称视觉指导、视觉编辑、视觉总监，他们负责期刊内容中与图片有关的编辑工作，包括图片的选择、购买、约稿等，并指导和协助摄影师完成期刊所需的高质量图片的拍摄工作。

## 第三节　期刊的基本运作流程

一本期刊从开始策划到收集稿件、审稿，再到印刷、销售，需要经过一系列流程。社会科学、自然科学等学术类期刊的出版流程相对简单；大众综合类期刊因与市场结合紧密，需要搜集大量社会信息，所以出版流程相对复杂。下面分别讲述二者的基本运作流程。

## 一、学术类期刊的编辑出版流程

学术类期刊的编辑出版流程具体包括稿件登记、送审、退修、编辑加工、发稿、校对、出刊后的工作等流程。下面以北京地区的某一学术类期刊为例，其流程具体如下。

1. 稿件登记

新收稿件（如纸质和电子投稿）—编务接收或下载—登记到稿件管理系统，填写收稿日期（按实际收稿日期计）、稿号（按投稿先后顺序连续编号）、稿件名称、作者姓名、作者单位、通信地址、邮政编码、联系电话及E-mail等—打印稿件及收稿单，整理后送分管的编辑—反馈电子回执（稿件处理情况均应被及时录入稿件管理系统）。

2. 送审

责任编辑对每篇投稿进行初审—确定需要外审的稿件，按照对口、交叉和保密的原则送有关专家审阅—送审稿件要求两周内审完返回，逾期应定时催审—确定是否录用—录用情况录入稿件管理系统—拟采用稿件进入编辑流程，不拟采用的稿件退回并告知作者退稿理由。

3. 退修

编辑根据审稿人的意见及科研设计、论文写作和编辑加工等的要求审阅全文—整理提出详尽的修改建议和具体要求，如学术内容、文字表达、图表格式、方法学、统计学处理、参考文献的著录格式、中英文摘要、关键词、量和单位、字数限制，以及修改后稿件的格式要求等—文稿修改返回后由编辑复审，有重要修改的则请原审者复审——次退修未达到要求时可再次退修稿件。

4. 编辑加工

检查稿件的摘要、关键词、正文、图、表、参考文献等是否齐全—通读全文，理解作者本意，了解中心意思，结合审稿意见，梳理全文的优点和不足—检查是否围绕中心议题论述，论点、论据、结论是否前后呼应，文章结构是否合理，逻辑性强不强，语言是否准确、流畅，数据、单位、术语是否符合规范等—对全文进行编辑加工，包括内容、图表、文字、标点的加工和文献著录的整理，从学术内容、表达形式两个方面保证和提高文稿质量，使其达到排版要求—送主编审阅。

5. 发稿

将目次、版权页、全部正文和各种大小补白稿依次逐篇排好（留版一般不超过3篇），线条图、铜版图放至刊内相应位置，必要时标明尺寸—将纸质发排稿与电子稿同时整理好送交排版，电子稿应与纸质发排稿一致—用E-mail发稿时，将作者名作为文件名—做好本期登记表及发送版面费通知。

6. 校对

排版后的样稿校对一般需要5个校次，责任编辑校对3次，其他编辑交换校对1遍。初校样同时寄作者核校，要求作者在收到校样7天内核校后寄回。校样由责任编辑统一核红，签字付印。

原则上，由责任编辑在一校时定版，主要指全期安排、每页版面处理，如封面、版权页、中英文目次、正文（图片）、补白及字体、字号、行距等，均须逐面、逐项排定；不超过版面1/4空白的可以不做补白或接排；定版要合乎规范，各部分相互照应。

7. 出刊后的工作

将投稿的原件、发排稿、校样（包括一校、二校各1份，作者校样1份）及期刊1册整理归档，并保存3年；向编委、审稿专家、赠送单位、交换单位、作者等寄赠期刊；向作者邮汇稿费，审稿费半年结算1次，每期版面费的发票集中寄给每位作者。

可将学术类期刊的出版流程简述为：收稿—编辑初审—送专家外审—作者修改—编辑加工—排版—三校—交印厂印刷—出版。期刊的编辑出版流程是一个工作范围互相交叉、信息需要反馈、文稿不断修改的过程。某学术期刊的出版流程如图5-1所示。

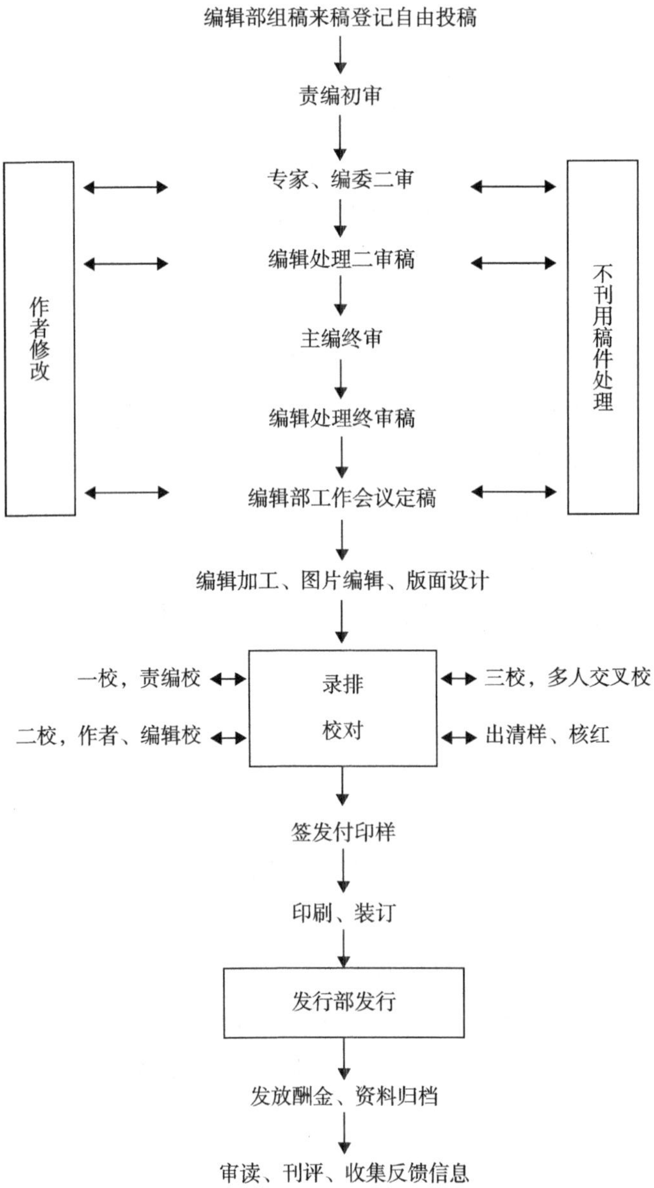


**图 5-1　某学术期刊的出版流程**

## 二、大众综合类期刊的编辑出版流程

在前文中，对比学术类期刊社与大众综合类期刊社的组织架构，在部门设置上就能看出后者的机构复杂程度远超前者。在编辑出版流程上，大众综合类期刊也比学术类期刊更为复杂。

大众综合类期刊的编辑出版流程[1]大体可以分为以下环节。

1. 市场及内容策划

期刊的市场定位（如内容、读者、风格定位），主体性策划，内容策划（如栏目设计、专题策划、选题组配）。

2. 出版策划

创刊时确定期刊的开本、页码、封面与版式的装帧设计风格、用纸种类和规格、印装要求、发行数量、定价与成本、出刊周期、质量要求、销售渠道、宣传方式、广告经营等，以预测盈利的可能性。

3. 组稿与组图

明确交稿时间、稿件的数量与质量要求。

4. 稿件加工与审读

实行三审制，即编辑加工、编辑部主任审读、总编辑审读。

5. 发稿

发稿时稿件做到“齐、清、定”，图像、图形稿要达到复制要求。

6. 整体设计

进行整体设计时，具体设计封面与版式，确定印刷工艺，核算印制成本，选择排版公司与印厂。

7. 制作过程

原稿检核—图文输入—图文编辑—图文输出—初校—改版—二校—改版—三校—改版—核红—正文清样及封面彩样三审—改版—拼版—打样—核清样—发印。

---

[1] 张金福，刘祖鑫．谈谈期刊质量体系中的编校及出版［J］．楚雄师范学院学报，2008（02）：98-103.

8. 印刷、装订

印刷—印后整饰—装订—送样刊—审查—大批装订。

9. 成品期刊发行

市场—反馈信息—再次策划……

用简单的流程描述为：申报选题—约稿—第一次截稿—美编设计或第二次截稿—最终截稿——校—美编设计或截稿—二校—改二校—三校—改三校—主编终审—核红—改核红或一次发厂—改大样—二次发厂—期刊开印—印完—发行—上市。

从表面看，虽然大众综合类期刊似乎与学术类期刊的编辑出版流程差别不大，但大众综合类期刊的内容制作一般提前两到三个月，各个阶段的任务分工不同，每月流程存在任务交叉和反复，各个部门之间工作的流转、各个部门内容工作层级和内容的不同往往使实际执行过程更为复杂。

大众综合类期刊的出版周期通常较短，在较短的时间内需要完成较大体量的内容，所以工作节奏很快。在具体工作流程中，一般选题会后预留广告位，文案编辑、图片编辑开始先期工作，确定文、图内容后迅速进入美术编辑初排版，流程编辑、执行主编进行各个批次的稿件修改，定稿后视觉总监指导美术编辑细排，广告位由广告主提供内容，各批次内容汇总后由主编定版，多条流程同时进行，最终期刊才能下厂印刷。

在这种情况下，已经很难用一张流程图来直接涵盖所有内容。图 5-2、图 5-3 仅以进行内容制作的编辑部为例，从人员构成和工作流程上分析大众综合类期刊的编辑出版流程。由于编辑部工作人员的岗位职责不同、不同层级关系不同，所以图 5-2、图 5-3 中用箭头的指向来表示人员之间的层级序列和工作关系。

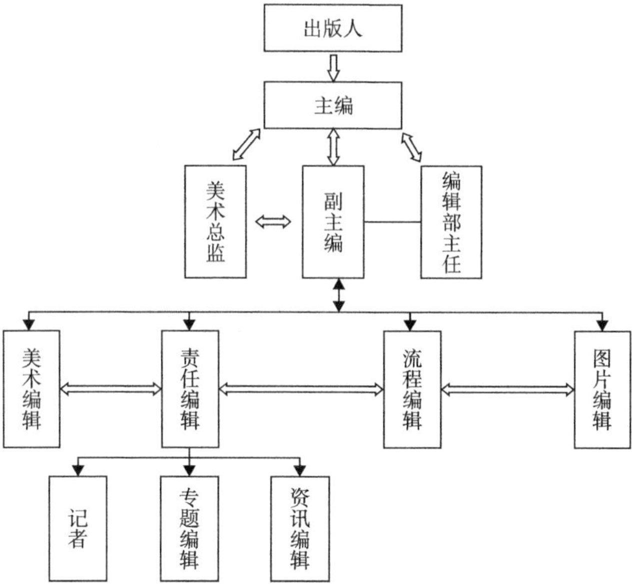


**图 5-2　编辑部的人员构成**

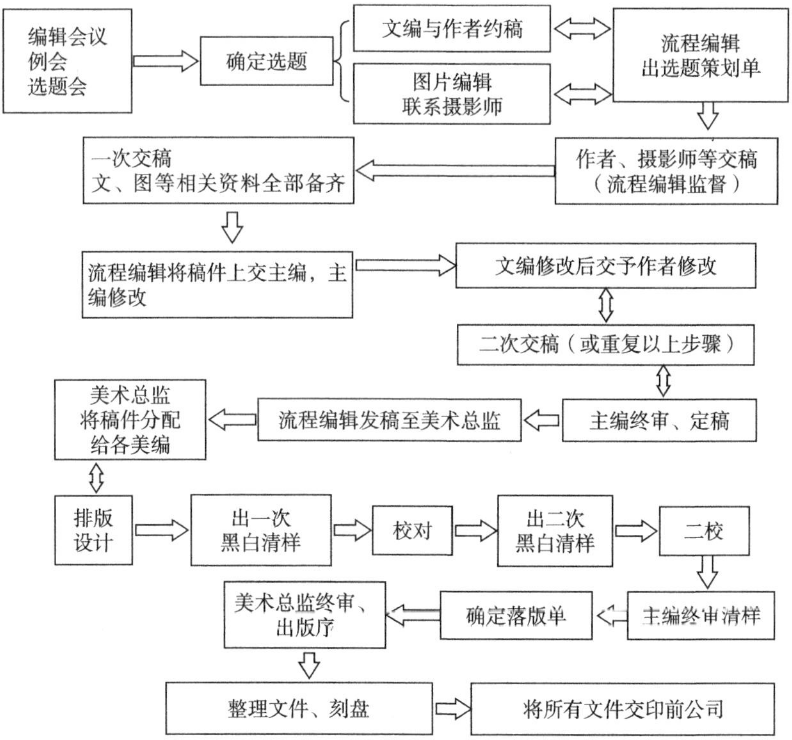


**图 5-3　编辑部的工作流程**

从编辑部的工作流程中可以看到，虽然在期刊内容编辑加工过程中内容流向是从采编记者到文案编辑，经各层次编辑的多次审核最终定稿流向制作部门，但在实际工作中各层级人员需要处理的工作内容存在大量的交叉和往复，必须通力协作才能完成。期刊基本运作如表 5-1 所示。

**表 5-1　期刊基本运作**

| 阶段 | 内容生产 | | 感官再现 | | 信息传递 | |
|---|---|---|---|---|---|---|
| 环节 | 内容策划（采） | 内容制作（编） | 印刷 | 复制 | 发行 | 读者 |
| 参与人员 | 记者、作者 | 编辑 | 印厂 | 新媒体部门 | 发行系统 | |
| 参与要素 | 作品 | 作品 | 印刷机械 | 复制设备 | 邮政、新华书店、二渠道等 | 期刊 |
| 流程 | 产生作品 | 策划、选题、组稿、审稿、编辑加工、校对 | 排版、制版、上机、印刷、装订、入库 | | 出库、运输、入库、上架、销售 | 购买、借阅、阅读、反馈 |
| 时间节点 | 无设定 | 期刊出版周期 | 印刷流程 | | 发行流程 | 无设定 |
| 部门设置 | 记者部 | 编辑部 | 出版部 | 新媒体部门 | 发行部 | 读者服务部 |
| 人员分配 | 作者、记者 | 编辑、校对、文案编辑、图片编辑、美术编辑、责任编辑、编辑部主任、总编辑、特约编辑等 | | 网络编辑、新媒体编辑 | | |
| 工作对象 | 创意 | 原稿、无稿件 | 印版、纸张、油墨、印刷机 | 电脑设备、相关软件 | 印刷成品 | 期刊 |

续表

| 阶段 | 内容生产 | | 感官再现 | | 信息传递 | |
|---|---|---|---|---|---|---|
| 工作内容 | 写作、创作 | 对媒体形式方面、对资源加工方面、对信息与市场对接方面 | | | | |
| 工作方式 | 组稿、审稿 | 策划编辑、文案编辑、流程编辑、图片编辑、美术编辑 | 制版、上版、印刷、装订 | | 运输、上架 | |
| 工作逻辑 | | 原始无序信息经编辑加工，形成高质量信息，达到出版标准，制版 | 印版信息，经印刷或复制，印刷成品，进入发行 | 纸版期刊信息，经新媒体方式复制，通过网络传播 | 出版物经发行到达各种批发、零售场所，最终到达读者 | |
| 具体流程 | 参见期刊流程 | | | | 参见发行流程 | |
| 涉及知识体系 | | 出版学、编辑学、传播学、新闻学、书报刊编辑、数字编辑、多媒体出版物编辑、选题策划、版式装帧与设计等 | 印刷概论、印刷工艺学、印务管理等 | | 发行学、出版物市场营销 | 读者学、受众分析、受众心理与传媒引导、市场调查与分析 |

# 案例展示　《指针》*

奢侈品行业在我国是一个非常小众的领域，在一些主流时尚期刊中大多被归入生活方式类栏目，高端钟表是其中的一大类。但是，我国也存在一些专做奢侈品钟表的期刊，它们旨在为喜爱钟表的读者提供钟表知识与信息，同时为了调整阅读效果和保证文章多样性，也都在期刊中增加钟表以外的其他奢侈品，如高端汽车、珠宝、古董等。在奢侈品期刊中，高端钟表的内容非常丰富，占相当大的比重，市场上现有期刊，如《时间观念》《时间·艺术》等。

因此，在有市场需求的情况下，我们考虑是否需要创办一本以高端手表为主题、以《指针》为名字的期刊。

## 一、市场分析

在互联网时代，由于来自新媒体的冲击，科技在为人类提供新的阅读方式同时，也会淘汰一些不能力争上游的出版企业。“纸媒黄昏”就如同悬在传统出版人头上的一把剑，随时都可能落下。但纸媒有很多优势是新媒体不能比的，或者说是短时间内难以企及的。纸媒的阅读乐趣与质量就是较为显著的优势，无论是书籍、期刊，还是报纸，都是作者和编辑智慧的结晶，读者所阅读到的必定是经过层层筛选出来的优质内容，与网络上纷繁复杂且良莠不齐的文章有着明显的区别。网络媒体数据的真实性考核存在一定问题，广告主更需要一个稳定的、数据客观真实、能与品牌方形成稳定关系的媒体作

* 该案例是北京印刷学院新闻出版学院2013级编辑出版专业学生聂汉文作为毕业设计完成的完整期刊策划方案。案例采用由学生选择选题、教师指导完成的形式，作为学生的毕业设计选题，在学生毕业实践期间完成，涉及期刊的选题策划、组稿、审稿、编辑加工、印制等一系列环节，是高度还原的模拟期刊。

为宣传手段。

在时尚界有一句话："潮流是循环的。"这句话在出版界中同样适用，或许在不久的将来，当我们厌倦网络上质量参差不齐的海量杂选文章时，必会逐步回归到传统纸媒。同时，新媒体爆发式的生长对传统出版来说是挑战，更是机遇，转型与革新蓄势待发。而通过纸质媒体与线上媒体的对比可以看出，纸质媒体"血统"纯正，品牌性高，更具权威性；线上媒体通过网络传播，时效性很强，互动性高，利于维护粉丝和增加黏性用户。因此，二者对于现代奢侈品钟表的信息传播都是不可缺少的承载物，并且在钟表行业"乍暖还寒"的重要时期，传播更是有着重要的位置。虽然在近几年的发展中，钟表媒体在各渠道中的覆盖面越来越广，但因为信息对象小众，"广而不精或精却不规范"成为一个亟待解决的问题，一些相关微博大 V 对信息的发布并不具体，而一些纸质刊物的线上媒体渠道并不完善，因此如今钟表媒体做得不够完善。

目前，国内较为知名且具有权威性的专业钟表纸质期刊有《时尚时间》《时间观念》《时间 · 艺术》等，这些期刊在市场上已经积累不少的粉丝，但是也存在一些不足之处。随着互联网的不断发展，网络催生了很多钟表线上媒体，如腕表之家、万表网等，这些网络媒体还结合自身的优势开发了手表在线售卖的功能。微博、微信自媒体，如时间前线、表姐等，也有各种钟表纸质期刊在线上售卖，但效果不甚理想。一些时尚媒体，如 YOKA 时尚网、《时尚先生》等，都会开设手表专栏。

这些奢侈品手表的专业期刊既是《指针》学习的对象，又是其强有力的竞争对手。例如，时尚集团旗下的《时尚时间》是较为了解中国钟表珠宝消费市场的行业性，精准定位于高端消费市场，且是较具广告投资回报的时尚生活期刊，创刊号一经推出就填补了中国传媒在钟表领域的空白，当时的市场反应相当强烈。《时尚时间》非常注重期刊内容的选择，选定的重大选题也非常符合市场现状，文章内容非常专业并调和深浅有度，排版设计以极简主义为主，体现了高端期刊的特色，是一本专业、权威的钟表珠宝期刊。同时，它也存在一些不足。首先，期刊内容大都以文章为主，除了出售的软文或行业动态以外，很少有与品牌方进行"联络"的信息，这对于品牌方的合作来说很不方便；其次，线上渠道并不完善，没有设立专门的网络传播专员，线上渠道的文章多以打包售卖给品牌方的软文或活动报道为主，文章可读性并不强，没有特色，对于喜欢追求网感的网络年轻读者来说并没有太大的吸引力，官方微博的运营缺少活力。这就反映出《时尚时间》的线上渠道做得不是很完善，自身品牌的内容极少，导致无法挖掘潜在粉丝等。

期刊《指针》的定位是力求线上、线下的平衡，在平衡中站稳脚跟，结合线上、线下多种渠道，在平衡中获取利润，而后改善钟表媒体中存在的各种不足，打造一个全面完善的钟表传媒平台。

《指针》的运营策略主要是整合线上、线下的资源，进行合理调配。首先，要调整好每月的主要专题文章，让期刊内容的阅读价值得到体现；其次，要特别关注市场脉络进行撰写或约稿卖点内容，要贴合社会或市场上的一些长效热点，如冰岛旅行火爆，就可紧抓这一热点写一篇符合自身品牌特点的文章，这样才能最大程度地引起读者的共鸣。做一本期刊，首先要制作读者想读的内容，然后才能达到引导读者阅读的目的。如果能达到这种效果，《指针》就会累积一批可观的黏性粉丝。

因此，在《指针》中设置一些栏目作为品牌展示版块，虽占一定比例，但不会影响整体的基调。这是与品牌方打下良好合作基础的第一步。我们可以先赠送推文，而后逐步进入谈合作的阶段。在线上渠道，除了向品牌方出售打包宣传服务以外，还会安排专门的网络编辑定时定量发文稿，文章内容以诙谐幽默为主，要符合年轻人的阅读口味但不能追求网络浮夸，同时微博经营可以与品牌联系在一起，适当举办手表在线讲座，回答粉丝问题，并且组织一些营销活动，如转发赠礼、邀请粉丝参与品牌沙龙等，目的在于增加粉丝和扩大品牌的影响，还需要整合直播平台的资源，直播内容可以“探秘日内瓦表厂”等大众很少接触的新鲜文化为主。同时，线上的资源可以最终落于纸质期刊，在纸质期刊上进行一定数量的呈现。《指针》的这种策略可以最大程度地利用现有的网络资源扩大品牌影响力，成为奢侈品期刊中无法被忽视的一员。

## 二、《指针》的整体规划

制作一本期刊，首先需要对整体进行规划，宏观规划可以帮助编辑明确当月期刊的核心内容，再由大到小地解决细节部分。《指针》的整体规划正是通过从大到小的方式细分内容。

1. 内容的整体规划及框架构建

除封面、封二、封三及封底外，《指针》每月共制作 96 个版面，可以根据每月的广告、软文及投稿数量等不同情况对内容进行合理的调整，需要注意不同类型内容的配比，以达到整体阅读效果；所有栏目不用每月都安排相应内容，根据实际情况进行合理规范的整理即可，力求让期刊的阅读效果不会因为版面调整而发生改变；期刊的内容以达到品牌宣传和满足读者阅读需求为主。

在设计《指针》的内容时，我们主要将其分为四个方面，即卖点内容、核心内容、次要内容、盈利内容（见图 5-4）。

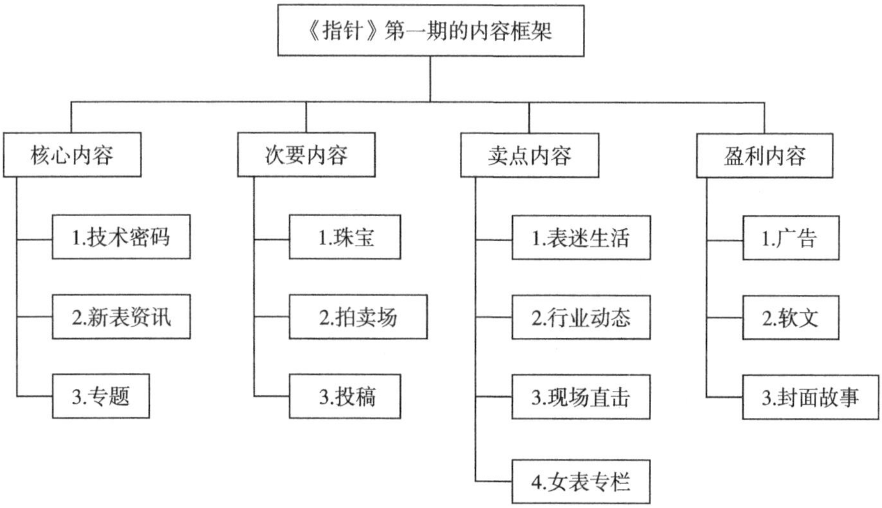


**图 5-4　《指针》第一期的内容框架**

2.《指针》内容的具体规划整理

（1）核心内容。

核心内容是《指针》的灵魂部分，整本期刊的调性都需要从核心内容中进行提炼，每月选题会确定一个重要的专题内容作为当月的主要议题。这就是最为核心的一点，因为有主题才会有内容，才能让期刊更有凝聚力与整体性。核心内容包括技术密码、新表资讯及专题等。

①技术密码。本栏目主要是为喜欢研究手表技术的读者解析手表或者钟表存在的各种技术问题和技术革新内容，可以作为体现《指针》权威性及专业性的核心栏目之一。但是，该栏目存在的主要问题是技术解析的内容在阅读上会较为枯燥，无法适应现代读者的快节奏阅读或碎片化阅读的习惯，因此不宜进行多版面讲述，每月共 6~8 个版面即可。《指针》第一期时，我们向知名钟表媒体人炎弹平约稿，其撰写文章《从 19 到 42　香奈儿 J12 的表坛跨度》讲述著名的香奈儿 J12 手表的表壳大小变化及产生的女表潮流影响。

②新表资讯。该栏目介绍行业内各品牌所推出的最新手表，会对每块手表进行两个版面的图文报道，每期 5 块手表，共占 10 个版面；排版设计风格以简洁大气为主，行文风格可以根据所介绍手表的不同进行多种变换。设置这个栏目的目的：一是体现期刊的时效性，向读者传递行业新表的动态；二是向潜在的品牌方客户伸出“橄榄枝”。《指针》第一期对劳力士、宝格丽、宝珀、香奈儿、格拉夫等品牌推出的最新各款手表进行宣传。

③专题。每期杂志都必须要有一篇作为议题的主题文章，如 9 月是时尚业的重要月份，奢侈品与时尚业的关系密不可分，大多数品牌都会在 9 月做出应对潮流变化的对策，因此主题文章就可以围绕时装表主题进行选题。《指针》第一期设置的议题是“买古董表，还是复刻表”。这个问题一直是购表者非常关心的问题，因为古董表经典、价值高，很多现代的手表都有它的影子，而复刻表的价格大多数购表者都可以承担，且其造型也是根据经典古董表进行改良设计，所以如果价格相差不太大，购表者都会在二者上举棋不定。主题文章讲述的内容重要，涉及知识面广，因此每月安排占用 20 个版面左右。

（2）次要内容。

次要内容的设置是为了配合核心内容，让读者通过阅读能够得到一定的提升，不会因为核心内容比重过大而产生倦怠感。《指针》的次要内容包括珠宝、拍卖场、投稿等。

①珠宝。珠宝与手表的联系是非常紧密的，而且在一定程度上二者可以

相辅相成。比如，珠宝表就是手表中一个很重要的类别，珠宝专栏的开设可以缓解读者的阅读疲劳，而且珠宝的美感可以让整体的排版设计形成更精致的风格。我们还可以将这个栏目转为软文的形式，针对某些品牌进行打包售卖，如卡地亚、宝格丽等珠宝手表品牌。因为次要内容起到辅助的作用，所以每期占 6 个版面左右。《指针》第一期中，我们盘点了历史上一位知名女星的那些价值连城又倾城动人的珠宝。珠宝内容是奢侈品杂志重要的组成部分，因此安排 6~8 个版面。

②拍卖场。手表和珠宝都是拍卖场的常客，百达翡丽钢壳 1518 万年历计时表在日内瓦拍卖会上拍出约合人民币 7500 万元的天价，在奢侈品行业就是一个非常重要的信息爆点。有意思的是，拍卖会上出现的形形色色的各种拍品都极具丰富的历史意义和自身价值。在第一期《指针》中，我们盘点了出现在各大拍卖场上的粉钻，有单颗，也有已经制成首饰的。该内容每期占 4 个版面。

③投稿。接收广大读者投来的关于钟表或珠宝的文章，择优选用，一经刊登会按照社内统一的对外稿费标准支付稿酬，同时因为是投稿内容，所以也会对当月的期刊栏目配比进行一定的调整。

（3）卖点内容。

核心内容为灵魂，次要内容为辅助，而饱含创意与提升品牌风格调性的重要手段就是一定要有自己的特色内容，而这种内容往往会引来一批粉丝，从而慢慢将其转化为黏性粉丝。因为在各家媒体大体一样的内容基调上，再做一本没有太大变化的杂志毫无意义，所以那些有意思的钟表内容或者相关内容就更为重要，这也是设计《指针》的重要参照之一。卖点内容包括女表专栏、表迷生活、现场直击及行业动态。

①女表专栏。女性消费者因为对自身配饰的差异化选择，正在逐步转向选择钟表市场，在她们看来钟表更加正式。很多品牌方也开始重视女表的出产，如珠宝表、时装表等也渐渐变成主打款型，而且迪奥、施华洛世奇等品牌更是将女表作为主要推出表款。该部分选择 4~6 个版面。

②表迷生活。这个栏目是《指针》最重要的一个部分。例如，讲述一位百达翡丽用户的日常生活，以旅游、美食、舒享生活为主，可以让该用户自

己撰写，后由编辑修改，也可代为撰写。这个栏目的目的主要是“避开手表谈生活”，简单来说就是让读者对这种生活感到好奇和羡慕，从而激发购买欲。这种表现形式是现在品牌方比较认可的一种方式。该部分占 8 个版面左右。

③行业动态。这是如今各品牌都非常重视的一个栏目，而且品牌信息在期刊上的呈现很大程度上决定该品牌是否会与期刊进行广告合作。这个栏目的主要内容是报道品牌开展的线下线上活动或者动态咨询，品牌方也会邀请期刊编辑前往活动现场参观交流。一般来说，行业活动策划前、活动中及结束后，品牌方都会发送公关稿到各大相关媒体人的邮箱，同时寄出邀请卡。作为反馈，媒体方也会尽量以贴合品牌方发出的公关稿的形式出稿，以达到宣传的作用。这部分内容具有时效性，所以需要编辑恰当安排先后顺序或重要与否的顺序。

④现场直击。这部分内容与行业动态类似，但行业动态大部分是比较零散的行业信息，而现场直击则是重要的品牌方举办的大型活动或者新表预热活动，需要精细报道，通常需要 2~4 个版面，而且这部分内容还可以转化为软文向品牌方售卖。

（4）盈利内容。

一本杂志重要的盈利项目首先是广告，其次是软文。有些钟表类杂志会与某些品牌方签订年单（即 12 期杂志中包含多少篇品牌手表软文、封面及封面故事等的撰写）。除了年单以外，还可以洽谈约单或者套餐型组合。例如，向品牌方进行包月套餐出售，那么该月会包括封面刊登、封面故事的撰写、微信公众号平台的发布、微博平台的实时跟进等。同时，还可以进行一些项目转化，如各档栏目可以转化为软文的形式，具体根据品牌方的要求进行合理的调整，最后还可以单独出售软文。

①封面故事。卖封面是期刊盈利和提高知名度的重要手段之一，可以将封面、封面故事、软文、微信公众号文章及微博宣传等作为一个整体产品卖给品牌方，使他们达到宣传的效果。为了维护客户，还可以争取与关系比较好的品牌方签订年单，或者在重要月份，如 9 月进行封面拍卖。封面故事一般占 6 个版面，让签订年单的客户优先选择刊登时间。

②软文（又称名表品牌）。为签订年单的客户撰写软文，软文内容根据品牌方提供的资料进行撰写，还可以按照2个、4个、6个版面进行单独售卖。

③广告。刊登品牌投放的广告和赠送广告，以达到联系品牌合作实现盈利的目的。

3.《指针》的表现形式及其他细节

期刊《指针》的表现形式及其他细节如表5-2所示。

**表5-2 期刊《指针》的表现形式及其他细节**

| | |
|---|---|
| 杂志名称 | 《指针》 |
| 开本大小 | 16开 |
| 纸张选用 | 封面采用250g铜版纸，内页采用128g铜版纸 |
| 印刷方式 | 封面采用四色印刷镀膜工艺，杂志名称采用烫金工艺 |
| 目标读者 | 核心读者为钟表爱好者、钟表研究者、行业内部人士，品牌方作为产品宣传资料；边缘读者为对奢侈品感兴趣的都市白领或追求高品质生活的读者 |
| 销售地点 | 国内三线城市以上的机场、星级酒店等附近具有一定消费水平的场所，在商务中心、商圈、奢侈品消费场所附近的报刊售卖点 |
| 宣传方法 | 使微博、微信公众号及期刊成为三位一体的产品，借助参与行业活动、网络热点造势及品牌双向宣传等进行宣传 |

（1）《指针》版序图的安排。

版序图对于一本期刊的前期制作非常重要。在确定当期内容后，合理进行栏目的配比与编辑的分工可以提高工作效率，并且能够直观地看到一本即将成型的期刊的框架。一般来说，这项工作由社内流程编辑负责，在当月选题会结束后统计当期内容栏目的大体情况，预留出广告部所占的版面及软文、投稿之类等变动性较强的栏目，再进行划分，也可以先由编辑撰写稿件，根据稿件的大小再调整版序图的分配。《指针》在定版前也制作广告预留版和完全版两个版序图（见图5-5、图5-6）。

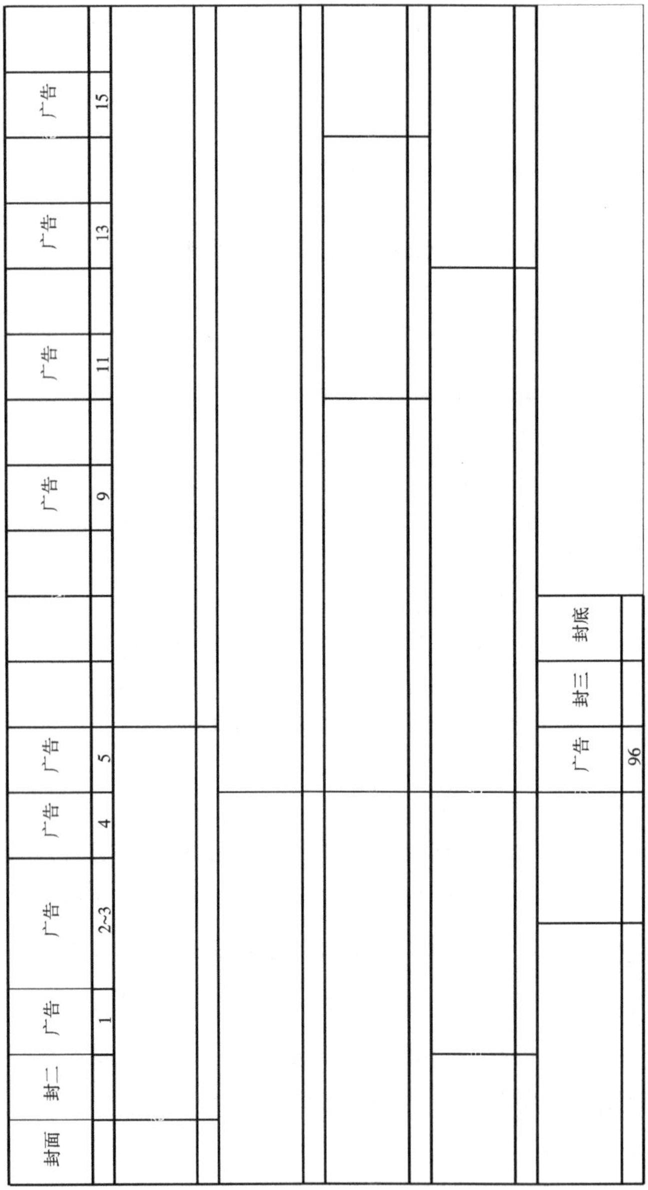


图5-5 《指针》第一期的版序图（广告位预留版）

<table>
<tr><td>封面<br>（迪奥）</td><td>封二<br>（香奈儿）</td><td>广告<br>（香奈儿）</td><td colspan="2">广告<br>（施华洛世奇）</td><td>广告</td><td>广告</td><td>目录1</td><td>广告<br>（卡地亚）</td><td>目录2</td><td>广告<br>（海瑞温斯顿）</td><td>版权1</td><td>广告<br>（奔驰车）</td><td>版权1</td><td>广告<br>（旅车）</td><td>行业动态</td><td>广告<br>（游艇）</td><td>编者的话</td></tr>
<tr><td></td><td></td><td>1</td><td colspan="2">2~3</td><td>4</td><td>5</td><td>6</td><td>7</td><td>8</td><td>9</td><td>10</td><td>11</td><td>12</td><td>13</td><td>14</td><td>15</td><td>16</td></tr>
<tr><td>行业动态</td><td colspan="6">封面故事6p（迪奥）</td><td colspan="11">新表资讯10p（劳力士+宝格丽+格拉夫+宝珀+香奈儿）</td></tr>
<tr><td>17</td><td colspan="6">18~23</td><td colspan="11">24~33</td></tr>
<tr><td colspan="6">技术密码6p（香奈儿J12）</td><td colspan="12">专题20p(买古董，还是买复刻？）</td></tr>
<tr><td colspan="6">34~39</td><td colspan="12">40~59</td></tr>
<tr><td colspan="6">专题20p（买古董，还是买复刻？）</td><td colspan="6">女表专栏6p（春日宴珠宝手表）</td><td colspan="4">软文（迪奥）</td><td colspan="2">拍卖场4p（粉钻）</td></tr>
<tr><td colspan="6">40~59</td><td colspan="6">60~65</td><td colspan="4">66~69</td><td colspan="2">70~73</td></tr>
<tr><td colspan="2">拍卖场4p（粉钻）</td><td colspan="4">表迷生活4P（雷克雅未克之光）</td><td colspan="8">珠宝8P（珠宝绕地球一圈是什么感觉）</td><td colspan="4">软文4P（天梭）</td></tr>
<tr><td colspan="2">70~73</td><td colspan="4">74~77</td><td colspan="8">78~85</td><td colspan="4">86~89</td></tr>
<tr><td colspan="4">行业动态</td><td colspan="2">现场直击（欧米茄）</td><td>广告<br>（欧米茄）</td><td>封三<br>（红酒）</td><td>封底<br>（宝格丽）</td><td colspan="9" rowspan="2"></td></tr>
<tr><td colspan="4">90~93</td><td colspan="2">94~95</td><td>96</td><td></td><td></td></tr>
</table>

图5–6　《指针》第一期的版序图（完全版）

(2) 分版块制作。

在内容编辑加工方面，《指针》的所有内容分为四个部分，涉及很多不同的栏目，所以在撰写的时候需要采用不同的文风。例如，技术密码就是一个非常严肃的技术性话题栏目，作者在撰写这类稿子时首先要以体现权威性和专业性为主，词汇使用虽然需要行业专用术语的支撑，但要尽量通俗易懂，便于读者理解，编辑在审稿时也需要将晦涩难懂的语言改得易于理解；而表迷生活是一个宣传高端生活方式的栏目，目的是让读者能够感受高端旅行、世界美食等不一样的生活所带来的愉悦，整体文风以诙谐为主，要足够引起读者的好奇心和向往，所以以第一人称视角，文章主题和切入点以故事的形式展开，更能带动读者的情绪，也更符合现代读者追求金句、段子和发人深省的短文字的心理。

在排版方面，我们还是以极简主义为基调，以充分展示奢侈品的美感。不同的栏目采用不同的排版方式，但必须在整体基调相同的基础上来表现。留白和辅助线条的合理运用可以为期刊的视觉效果提升档次，文字则用标准字体与期刊专用字体来排版，保证读者的阅读体验，文本块采用大版块对齐方式，方正有间，以突出图文配搭整齐的效果。

## 三、《指针》的制作过程

我们模拟期刊《指针》的制作过程，完全按照市面上常规月刊的规范流程进行制作，广泛收集行业信息，并严格按照规划制作，具体制作过程如下。

1. 部门任务分配流转

市场专员→编辑部或营销事业部→视觉设计部→发行部→读者服务部。

2. 详细步骤

关注行业实时动态（市场调研）→发布任务，设计选题→选题会与评刊会→确定期刊的各部分内容→约稿或撰稿→广告部确定当期广告→确定版序图（预留广告位）→美编排版→黑白样本打印→校对期刊内容和设计缺陷→修订错误→主编审版→下厂→出彩色样刊→编辑部校对→主编审阅→二次下厂修改→出样刊→发行上市→读者服务→市场反馈评估。

总的来说，《指针》无论是在内容、排版设计上，还是在细节把握上，都达到了一本可以面向市场发行的期刊的各项基本要求。在内容规划上，《指针》专注于架起读者与品牌方的桥梁，在排版设计上凸显手表或珠宝等奢侈品，并重视每一个细节，最终成为一本专业、权威且有可读性的期刊。

梵克雅宝手表的独特设计

梵克雅宝的诗意复杂功能系列手表

**【梵克雅宝 Lady Arpels Ronde des Papillons 手表】**

以展现大自然飘逸灵动的美感作为设计要义的梵克雅宝，在今年最新推出的诗意复杂功能系列手表中又一次完美地传达了这个理念。Lady Arpels Ronde des Papillons 手表上，设计师将翩翩起舞的蝴蝶放入手表之中与立体浮云设计相配合，清新得宛如空中芭蕾一般优雅惬意。该手表特殊的表盘设计有趣地将手表读数与蝴蝶、燕子的飞舞相结合，为佩戴者增加一些难得的趣味。

*使用建议：该手表对于诗意的理解非常到位，是一款极具特点的精品手表，佩戴它的女性在选择晚宴礼服时，可以从薄纱、轻盈、修身、素雅长裙等方面着手。*

萧邦手表上的旋动钻石

萧邦旋动钻石手表

**【萧邦 Happy Diamonds系列手表】**

旋动钻石一直是萧邦引以为傲的设计元素。它出现在各种手表、珠宝等产品上，力图达到将光芒之美完美展现的目标。在今年的新品中，又一块饱含新意的旋动钻石手表出现。相比于以往的款式，这次的新品旋动钻石的数量更多、体积更大，所采用的切割手法也有革新。在珍珠母贝的表盘上舞蹈的钻石除了视觉上的独特体验以外，更是个人性格特点的彰显。

*使用建议：在宴会中，一块 360 度全方位折射光芒的手表相信能够得到众多女性的青睐。白色薄纱裙可以将该手表的灵感来源——瀑布之光淋漓尽致地体现出来。该表有方、圆两种壳形可供选择。*

2017_April_61

**图 5-7　模拟期刊《指针》内文截图**

# 第二部分

# 数字出版流程

# 第六章

# 数字出版与数字出版产品

## 第一节 数字出版的概念与特征

### 一、数字出版的概念

数字出版是指利用数字技术进行内容编辑加工，并通过网络传播数字内容产品的一种新型出版方式。在内容上，使用数字技术进行编辑加工；在传播方式上，通过网络传播数字内容产品。数字出版的常见方式如下：

（1）电子出版是指将数字化内容与具备一定外在形态的物质载体固定在一起提供给消费者的出版方式。

（2）互联网出版是指互联网信息服务提供者将自己创作或他人创作的作品经过选择和编辑加工，登载在互联网上或者通过互联网发送到用户端，供公众浏览、阅读、使用或者下载的在线传播行为。

（3）手机出版因接收信息的终端设备主要是手机而得名，是一种通过无线网络传送出版物内容信息的出版方式。

### 二、数字出版的特征[1]

1. 内容生产数字化

数字出版在精神产品生产阶段要采用各种数字化技术手段，使产品在内

---

[1] 吴秀丽. 出版物编辑与发行［M］. 沈阳：辽宁大学出版社，2013.

容和形式上的所有信息都以二进制数字编码的形式记载在相应的存储设备中。

2. 管理过程数字化

数字出版使用全数字化的信息管理系统，把各个出版项目的各方面信息及时进行整理、规制、存档，并动态更新，从而让管理者随时随地协调和控制各个出版项目的进程，确保产品的质量。

3. 产品形态数字化

数字出版对原有信息信号处理后形成的二进制编码信息流，需要通过一定的解码设备将数字流转换成可以感知的文字、符号、图形、图像、声音等信息信号。

4. 传播渠道网络化

固定物质载体的出版物要通过仓储、分拣、包装、交通运输等流程才能实现出版物的传播，而数字出版产品是由能够转换成电流或电磁信号的数字流组成，无法通过传统物流系统，只能通过一定的信息网络系统实现传播。这一过程快速便捷，而且传播的成本很低。数字出版产品的传播途径主要包括有线互联网、无线通信网和卫星网络等。

## 第二节　数字出版产品的特点与种类

### 一、数字出版产品的特点

与传统出版物相比，数字出版产品有五个特点：一是物理空间利用率高，利用光、电、磁介质作为存储载体，与纸张相比，相同的单位可以存储更多信息，而且能集文、图、音、像于一体，也可以集合在网络上供消费者选择，形成海量的信息资源；二是复制成本低廉，有利于环保，除了需要少量电能外，不需要纸张、塑料等材料；三是不产生废弃物，对环境没有影响；四是版本更新和发行快速便捷，方便消费者全面掌握知识信息；五是互动性强，收集反馈信息便捷。

## 二、数字出版产品的种类

数字图书是数字化的图书产品，与电子书在内容格式和编辑加工流程上完全相同，但阅读和传播方式不同，一般是通过计算机终端实现阅读，所以工具书、专业读物、教育读物等类的纸介质图书更适合做成数字图书，可以充分发挥图文超级链接功能，方便读者检索、查询。

数字报纸是利用多媒体技术和网络传播手段，在纸介质报纸的版式中插入音频、视频和动画的数字化连续出版物，一般通过互联网传送，可通过个人计算机、便携式平板计算机、个人数字助理、手机等终端阅读。数字报纸既保持了纸介质报纸的版式，又增加了阅读新闻和信息的便利性、快捷性与互动性，同时有利于收藏和检索。在信息化时代，数字报纸具有很高的社会价值、经济价值、广告价值和互动价值。❶

数字期刊也称“电子期刊”“电子杂志”，是指以传统期刊结构为表征的连续性出版物，它将文字、图像、音频、视频、游戏等相互融合，呈现出鲜明的数字化特征，通常具有超链接、即时互动等网络元素，能让读者阅读时产生很强的体验感。

数据库出版物是按照一定的数据结构存储和管理内容的检索型出版物，主要供公众检索查询，而不是阅读。根据数据模型的不同，数据库分为网状数据库、层次数据库和关系型数据库三种，主要集中应用在科学、技术和医学等学术出版领域。

手机书依托移动通信网络传播，并在手机上阅读的数字化图书。手机阅读具有移动式、碎片式特性，更适合现代生活的快节奏。手机书的市场导向性很强，可以更好地满足读者的个性化需求，但需要考虑手机的操作系统、存储容量和格式等问题。

手机报纸是依托移动通信网络并在手机上阅读的数字化报纸，它是将纸介质报纸内容和其他多媒体内容编辑加工后，以数据包形式发送的一种数字出版产品。手机报纸的传播方式主要有三种，即短信或彩信形式、按无线应

---

❶ 李绯，等. 数字媒体技术与应用［M］. 北京：清华大学出版社，2012.

用协议（WAP）访问形式、基于3G的推送形式。彩信是最常用的一种形式。手机报纸全球性覆盖，具有广泛的受众群体，还有时效性强、互动性好、表现丰富、随时接收、易于保存、个性化投放和成本低廉等特点。

手机期刊特指依托移动通信网络的多媒体数字化期刊，通过手机安装客户端、WAP和彩信传播。有的手机期刊是电信运营商和出版社、期刊社合作经营，将纸质期刊内容整合后发布到移动通信网络上；有的是专门设立的手机期刊出版单位经营的，有自己的制作、技术和运营团队及发行渠道。

手机音乐是通过手机播放的数字音乐作品，是产生较早的一种手机数字出版产品，是数字音乐作品的主要出版形式。

网络动漫。动画是将一些原先不活动的图片，通过技术手段的制作与放映，变成活动的影像。网络动漫和手机动漫是动画的两种主要形式。

网络游戏又称“在线游戏”，简称“网游”，它与传统单机游戏的不同是必须通过网络、多人在线进行。网络游戏的技术架构分两种：一是基于浏览器形式的网页游戏，直接在浏览器中进行；二是客户端形式，即由运营商架设服务器提供游戏，用户通过连接服务器的本地客户端软件进行游戏。如今，大部分网络游戏都是客户端形式，此类游戏的特点是大多数玩家都会有一个专属于自己的角色，而一切存盘及游戏资料均被记录在服务器端。

# 第七章

# 数字出版物整体设计

与传统印刷的图书、报纸、期刊不同，音像制品、电子出版物、互联网出版物、电子书、电子期刊、数据库出版物等是以非纸介质形态出现和存在。这些非印刷型出版物不以纸张为载体，更多是以可显示画面、声音的各种显示屏为载体，在各种类型载体上呈现文字、图片、音频、视频等信息。相对于图书、报纸、期刊这些传统出版物来说，我们可以称其为“数字出版物”。

数字出版物并不是完全科学的出版物分类，只是从这些依靠信息技术、数码设备的出版物类型中进行提炼，“数字”是这类出版物的整体技术特征。本章侧重从数字出版物的知识内容、视觉呈现、读者阅读体验等角度对其整体设计进行分析。为便于讲解，本章以技术较为先进、代表性较强的数字出版物为例，分析其整体设计的概况。

## 第一节　数字出版物整体设计的概念及内容

2010 年 8 月，新闻出版总署颁布《关于加快我国数字出版产业发展的若干意见》中指出：“数字出版是指利用数字技术进行内容编辑加工，并通过网络传播数字内容产品的一种新型出版方式，其主要特征为内容生产数字化、管理过程数字化、产品形态数字化和传播渠道网络化。”数字出版物这一新型的信息载体将各类信息、知识等内容，用图、文、声、像等数字方式，以数字载体形式编辑加工并进行存储与传播。

随着数字技术日益发展，数字出版的形式也越来越丰富。数字出版物不断地发展和变化。对此类出版物进行整体设计时，要重视把握其中“变”与“不变”的部分，注重传播互动性、艺术创作个性化，创造更好的用户体验。在数字技术迅猛发展的情况下，应重视数字出版物的整体设计，创造出更符合受众需求、更新鲜、具有“视听触”感觉的综合出版物。

## 一、数字出版物整体设计的概念

数字出版物整体设计需从整合的视角对数字出版物的操作界面、版面布局、基本功能及各元素链接进行设计，将内容完美呈现于界面之上，提升读者的阅读体验。

数字出版物整体设计是对数字出版物载体的艺术性、工艺性设计，包括数字出版物内容设计、版式设计、链接设计等，其目的是提高数字出版物的整体设计质量（见图 7-1）。[1]

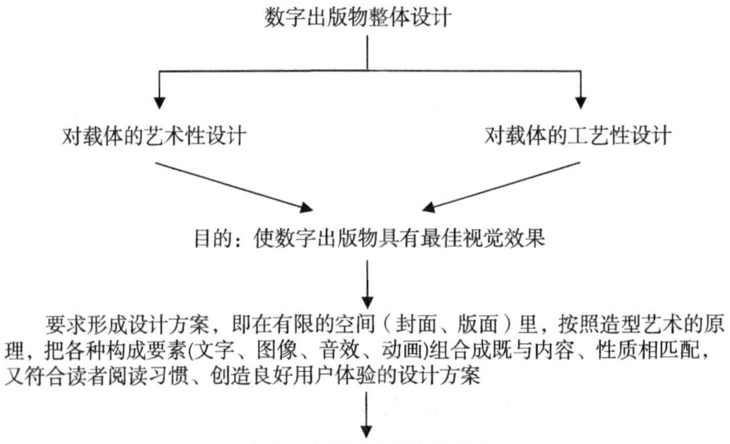


**图 7-1　数字出版物整体设计**

## 二、数字出版物整体设计的内容

数字出版物整体设计的内容主要有脚本设计、界面设计、动画设计、基

[1] 张文红. 出版概论 [M]. 北京：高等教育出版社，2017.

本功能设计、各元素链接设计等。数字出版物的制作过程可划分为以下阶段（见图 7-2）。

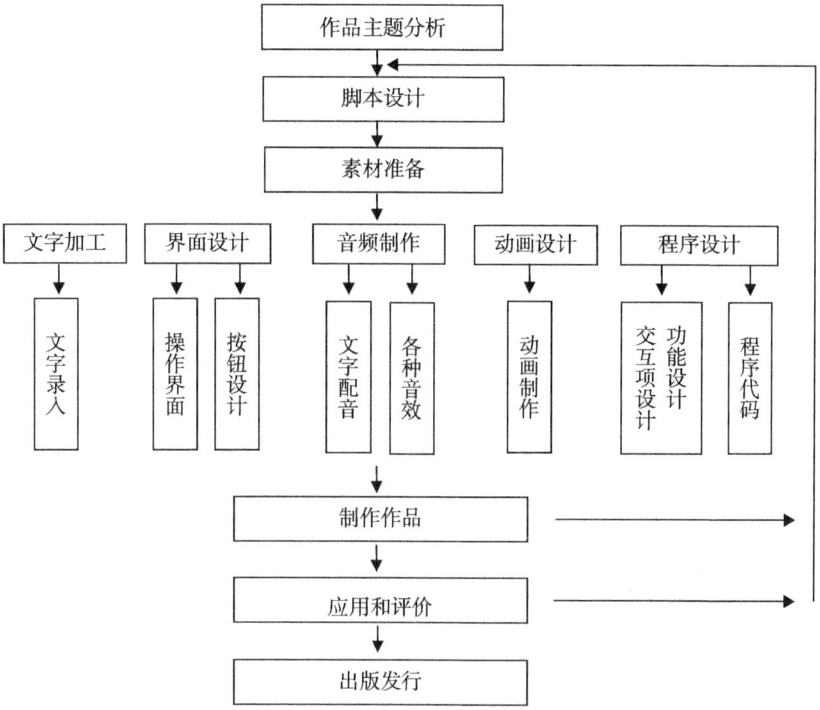


**图 7-2　数字出版物的制作过程**

1. 主题分析

主题分析主要确定数字出版物的主题内容、市场需求、针对用户群体等。

2. 脚本设计

脚本设计重点是设计数字出版物的总体结构，明确作品的系统功能和交互功能。

3. 素材准备

素材收集、制作与编辑应根据脚本设计的需要来进行，充分考虑所需素材获取和加工的可能性，注意素材风格统一，同时要注意各媒体资料的版权。

4. 作品系统集成与制作

根据脚本编写的要求和设计意图，将收集整理好的素材整合为一体，制作成交互性强、操作灵活、视听效果好、有趣味和吸引力的数字出版物。在这个过程中，要留有修改、添加余地，便于调试后修改方案。

5. 测试与成品发行

数字出版物作品制作完成后，要经过多次调试、试用、修改、完善，才能趋于完美。在测试过程中，要注意文件的链接路径是否正确、音频文件是否可以正常播放、在不同播放载体上调试等。[1]

## 第二节　数字出版物整体设计的要素

目前，数字出版物大多利用人的视觉、听觉和触觉，而味觉、嗅觉尚未被集成进来，所以数字出版物的内容构成主要有文字、图形、图像、音频、视频、动画等。

### 一、数字出版物整体设计的内容要素

1. 文字

文字是数字出版物内容构成中的基础要素之一，是人和计算机交互作用的主要形式。文字形态一般表现为字号大小、字体、字体颜色、字间距、行间距，它们的变化构成文字要素的艺术效果。

界面中的文字主要分为两种类型：一种是具有提示和引导功能的文字，如数字出版物中的标题、栏目名称等；另一种是篇幅较长的说明性文字或阅读性材料，如文章正文、某一主题内容的详细说明等。从文字的功能来看，前者的主要作用是诱发视觉注意，而后者则遵循易读性原则。

2. 图形与图像

在数字出版物应用中，图形与图像是比较活跃的媒体要素。有人将图形图像定义为“能为人类视觉系统所感知的信息形式或人们心中的有形想象”。在信息呈现时，无论是传统的文本文字，还是图形、视频，最终都是以图像

[1] 张文红．出版概论［M］．北京：高等教育出版社，2017.

的形式出现。在数字出版物中，图形、图像体现为封面、版式、插图等。

3. 音频

音频也泛称“声音”，除语音、音乐外，还包括各种音响效果。数字化以后，声音文件格式有很多种，常用的有两种：波形音频文件和数字音频文件。波形音频文件是真实声音数字化后的数据文件；数字音频文件又称“乐器数字接口”，和图形文件格式相类似，它是以一系列指令来表示声音的，可看作声音的符号表示。音频要素是传统出版物所不具备的。音频的添加使数字出版物的内容更加生动有趣，能调动受众的听觉感官，增强用户对知识信息的注意力。

4. 视频

数字出版物中大量运用多媒体形式，其丰富的表现力能给人们带来全新的信息传播方式和视听享受。与图形、图像相比，视频具有更为丰富的表现能力，这不仅是因为视频素材中通常含有音频要素，还因为视频是对客观景物和事件的逼真描述。因此，视频是综合性的视听媒体，是数字出版物的重要组成部分，尤其在数字书刊、软件读物、App应用中意义重大。

5. 动画

前面提到的图形或图像是单幅的。在屏幕上展现一幅有上下关联性的图形图像，就形成了动态图像。任何动态图像都是由多幅连续的、有顺序的图像序列构成，序列中的每幅图像可称为“帧”。当每帧图像都是由人工或计算机生成的图形时，该动态图像称为“动画”；当每帧图像是由计算机产生的具有真实感的图像时，则该动态图像称为“三维真实感动画”。二者统称为“动画”。

数字出版物中的动画要素延伸了文字所表达的意思，给予读者更丰富的想象空间，达到文字所不能表现的意境效果，延伸了读者思维，创造了更加深刻的阅读体验。

## 二、数字出版物整体设计的技术要素

在科学技术的影响下，艺术无论在观念上还是在形式上都发生了巨大变化。从发展轨迹来看，出版物艺术形式的变革经历了从平面到立体、从现实到虚拟、从单向到交互的过程。也正是如此，随着数字技术、计算机技术及网络技术的高度发展，逐渐出现了数字电影、数字电视、数字报纸、数字动画、数字游戏等。

1. 数字图形与图像技术

图形与图像是人类视觉所感受到的一种形象化媒体，它们可以形象、生动、直观地表达大量信息。在数字出版物中，图形与图像主要是指静态的数字媒体形式，不仅包含诸如形、色、明、暗等外在的信息显示属性，而且从产生、处理、传输、现实的过程来看还包含诸如颜色模型、分辨率、像素深度、文件大小、真/伪彩色等计算机技术的内在属性。20 世纪 80 年代末，随着多媒体计算机技术的发展，图像的处理和应用进入了实用阶段。

2. 数字音视频技术

随着数字技术的高速发展，数字化音视频的优越性逐渐突显，数字视频与音频已经成为数字化技术系统中最主要的处理对象，全面数字化是视听媒体发展的必然趋势。常见的数字视频格式有 AVI、DV-AVI、MPEG、MOV 等。常见的音频媒体有 CD 音频、合成 MIDI 音频和数字音频三种形式。

3. 数字存储与压缩技术

随着数字出版物的普及应用，数字存储信息的方式正在迅速取代传统的信息存储方式。而数字信息尤其是数字化视音频信息所产生的海量数据，给数字出版物数据的存储、管理、传输和通信带来了相当大的困难，从而使数字存储与压缩编码技术成为重要的研究领域。常用数字存储技术的典型应用有 SCSI 技术、网络存储技术、RAID 技术、SAN 技术、NAS 技术、数据流磁带技术等。除了上述存储技术外，光存储技术、Cluster 存储技术、IP 存储技术和面向对象的网络数据库存储技术也是被关注的热点。

模拟图像数字化后的数据很大，在对其进行实时处理时，对计算机的存储容量、传输带宽和处理能力提出了很高要求。因此，为了方便计算机对数字图像的处理，需要采用数字压缩技术将那些对人眼感知图像不太重要的成分抛弃，以缩减存储、传输和处理的数据量。

以上从内容和技术两方面探讨了数字出版物整体设计要素。一方面，数字出版物作为内容与技术相整合所产生的事物，内容要素与技术要素是不可分离的，在“内容为王”时代需要基于技术让其具有独特的呈现形式，以有别于传统出版物；另一方面，仅仅利用技术来创造视觉体验是空洞的，无内容的数字出版物的表现力是单薄的。因此，数字出版物整体设计要素必须成为一个整体，相辅相成。

## 第三节　数字出版物的内容设计

### 一、脚本设计

脚本设计是对各种信息的设计，包括内容信息，信息的编排、显示和控制，以及信息处理中的各种编程方法和技巧等，需要进行周密考虑和细致安排。数字出版物脚本设计不仅要突显画面气氛，将内容完美呈现，在脚本中还要包含与画面匹配的背景音乐和声音效果等，创造性地使用新媒体，将会使其功能大大增强。在数字出版物创作初期，脚本编写是尤为重要的，其细致程度直接决定整个数字出版物整体设计的创作进度。

数字出版物脚本是依多媒体的媒体形态、表现形式和使用方法而设计的。其中，有三大设计要素：界面的主体结构形式、有层次的内容组织、功能与媒体的设计安排。

（1）界面的主体结构形式如图 7-3 所示。

相连接的页面与页面构成完整的作品，作品中所有的内容通过分类形成不同的版块，版块的首页以界面形式展示。

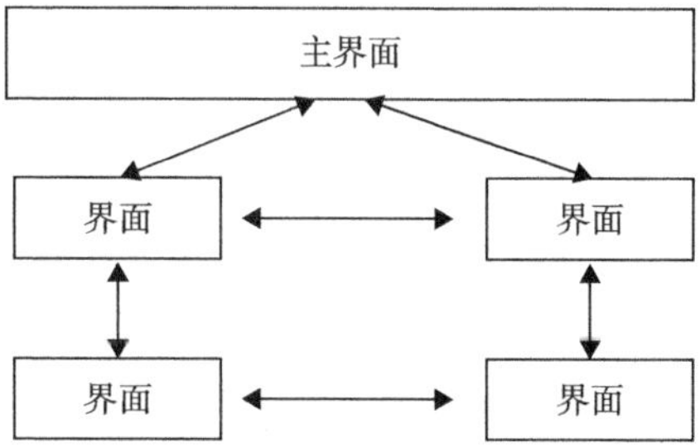


**图 7-3　界面的主体结构形式**

（2）有层次的内容组织。

数字出版物的脚本按照内容分类分别形成自己的系统构架，然后按照分类中内容的顺序和标题大小进行编排，如图 7-4 所示。

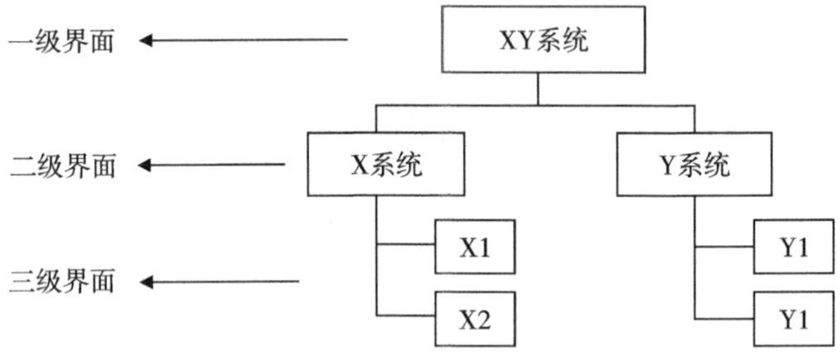


**图 7-4　脚本的层级结构**

（3）功能与媒体的设计安排。

数字出版物需要按不同的功能设计和呈现形式浏览，将不同的功能设计和媒体形式安排标示在不同的层级版块中，如图 7-5 所示。

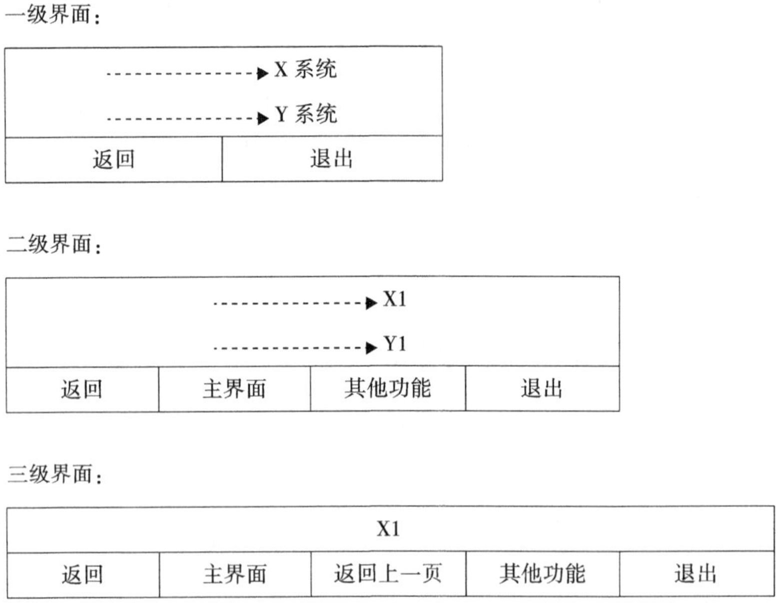


**图 7-5　脚本的功能结构**

## 二、脚本设计的工作流程

脚本设计的工作流程如图 7-6 所示。

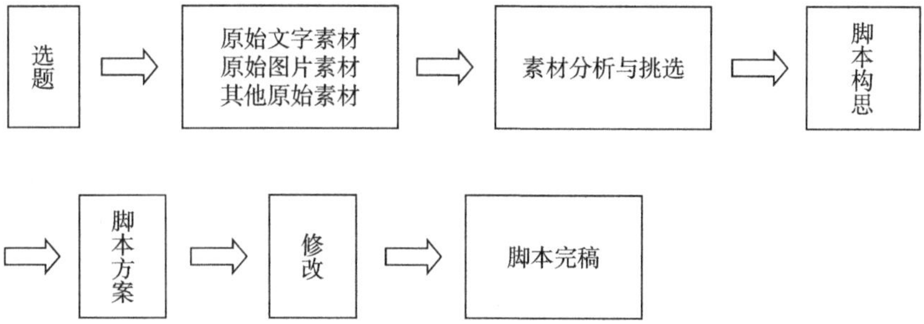


**图 7-6　脚本设计的工作流程**

## 三、操作界面设计

在互联网时代，我们的生活中充满了海量信息，很难从中筛选出对我们有用的信息，但通过独特的信息导航用户能够从中获得更深层次的理解，更快地做出决定。

一方面，数字出版物的读者从载体设备上所呈现的视觉特征获得信息，做出回应；另一方面读者因自身不同的审美能力，从载体设备上所呈现的画面效果获得不同的视觉愉悦体验。

1. 操作界面设计的功能性

数字阅读的广泛涌现使人们认识到界面设计的重要性和必要性，关于界面的研究也从最初的某分支领域逐渐成为一个专门的研究领域。良好的界面设计可以增强界面的主体内容、突出中心、增加吸引力、便于读者浏览、提升整体美感等。界面设计的关键是使人机之间能够准确地交流信息，充分发挥人机的交互功能。

2. 操作界面设计的特点

目前，大多数数字出版物利用超媒体技术，根据数字出版物的主体要求将相关的多种信息（如文字、图片、音乐、视频等）整合起来，形成较为复杂的网络系统，受众在使用浏览过程中容易迷失方向或增加了不必要的认知负担。因此，在对数字出版物进行操作界面设计时要注意以下特点。

（1）易操作性。以读者为中心的设计方法决定了其整体设计的一致性，即在不同的应用系统中要具有相似的操作界面、布局、操作界面交互方式、信息呈现等。一致的交互方式不会增加读者的负担，能让读者始终保持同一种思考与操作方式。在浏览数字出版物作品时，要避免出现每换一个界面，读者就要换一种操作方式的情况。

（2）时代艺术性。数字出版发展及新媒体盛行必然有它们的时代性，数字出版物大多偏重时尚的话题与热点问题，对其进行及时有效、快捷的传播，其艺术符号极易与流行文化接轨，从而成为一种时尚、前卫的艺术形式。

（3）交互性。因为具有人与机器互动、互相交流的操作环境，所以受众能够根据自身的需求对信息交流方式和过程进行调整。良好的交互功能和交互界面是数字出版物整体设计的重要内容及成功与否的主要标志。

## 四、版面布局设计

无论数字出版物在何种平台上显示，显示屏的大小是固定的。在有限空间内能够把各种元素安排得井然有序，使读者赏心悦目，就要在数字出版物的版面布局设计上下功夫。在一定的空间里，将文字、图片、动画、视频、导航菜单及图标根据需要进行组合排列，并且根据特定的内容和主题在作品所限定的范围内把构思与设计以视觉审美的形式表现出来，才能充分体现数字出版物版面布局的合理性。这一过程实际上是创造性、艺术性地传达信息的过程。

版面布局设计在界面设计中的作用可以分为两种：实用功能和审美功能。

1. 实用功能

版面布局设计不能一味注重艺术形式，这样会使作品显得花哨而无内容，所以版面布局设计的实用功能尤为重要。实用功能要遵循主次分明，重点突出；导航清晰，浏览便利；布局合理，逻辑性强。

2. 审美功能

审美功能要增强整体感、艺术感和表现性。版面布局设计中必须依据读者的视觉心理、生理特征采取相应手段，符合人的视觉习惯，避免产生疲劳感，应合理安排视觉流程，注重清晰导航、强化页面主从关系等，让版面布局设计发挥最大功效、达到最佳效果。

## 五、基本功能设计

数字出版物具有人机交互性，最好的功能设计就是实现人机交互自由化。数字出版物的功能设计是要为用户操作提供便利。大多数字出版物的主体功能构架如图 7-7 所示。

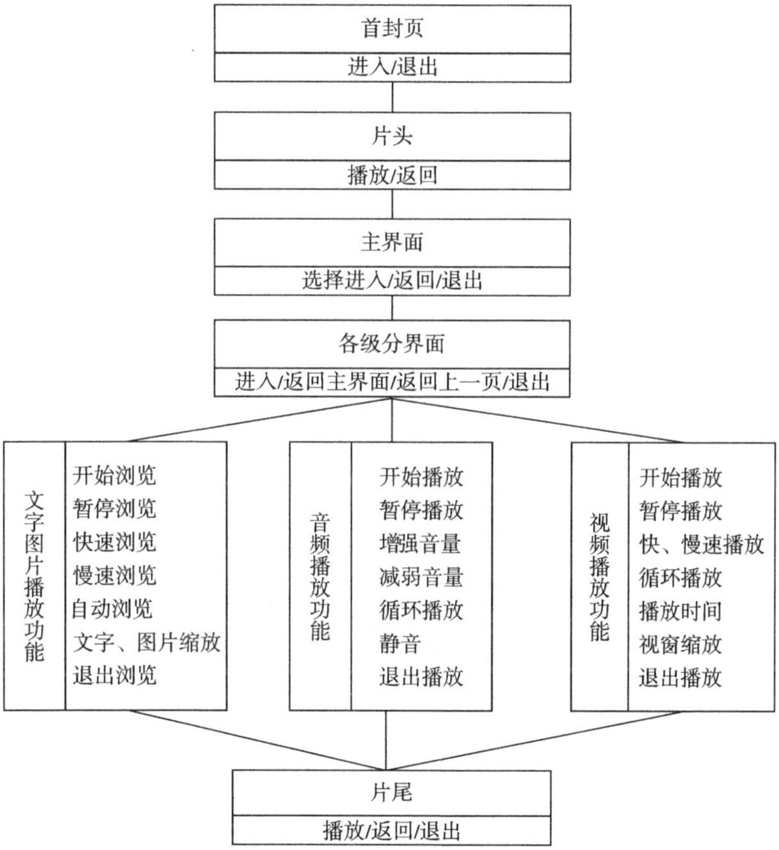


**图 7-7　数字出版物的主体功能构架**

从目前数字出版物来看，其基本功能（必须具备的功能）有内容展示、信息检索、链接功能、交互功能、导航和检索功能、进入和退出功能、返回功能、停止功能、热区和热链功能。同时，数字出版物的特殊功能（为特殊需要开发的新功能）有自动浏览功能、帮助功能、选页功能、视频时间控制功能、音量调节功能、文字大小调整功能、音效功能、超文本和超媒体功能、游戏互动等。

## 六、各要素之间的链接设计

虽然数字出版物的构成要素设计对其整体设计意义重大，但更重要的是如何把这些要素合理地整合到一起，对各要素加以组织不仅能弥补要素设计上的不足，而且能提高数字出版物整体设计水平，使各要素之间以更有效的方式链接在一起。

目前，在数字出版物整体设计中有两种主要的多媒体出版物要素链接方式：第一种是利用多媒体设计制作软件，通过流程性编排把数字出版物中的各要素链接在一起；第二种是利用超文本技术把数字出版物各要素整合为一体。

1. 设计制作软件对各要素链接

涉及数字出版物设计制作软件的链接方式有两种：一是按照人的思维流程线制作数字出版物。人的思维流程是符合心理对新事物接受程度的发展变化的。读者在使用数字出版物时，每一次操作都是全新操作方式的组合，不可能是定势操作。基于这种分析，所采用的思维流程设计要能引导读者先进行什么操作，之后进行什么操作，引导读者按思维的流线性进行操作，不会造成混乱。这类设计制作软件有 Authorware 等，它比较适合教育类数字出版物的设计制作。二是按照时间的流程线安排各要素的出现顺序，这个时间也是由一定按钮操作安排的，并不是指数字出版物只能以时间为序播放。时间流程为经线、框架结构为纬线，时间流程安排每个要素的出现顺序和位置，框架把所有要素整合在一起，方便读者在使用数字出版物时进行各要素之间的跳转操作。这类设计制作软件的代表有 Director、Flash 等，它们适用于演示文稿的制作，产品二维、三维展示制作。

无论采用哪种软件进行制作，这种链接方式都要用到计算机编程语言，如程序设计语言 Lingo 就是 Director 软件的专用程序设计语言。多媒体设计制作软件最大的优点就是几乎对目前所有文件格式都支持，如视频要素、动画要素在用数字出版物设计软件制作时，最后封装时将播放器也打包到数字出版物里，这样才能保证数字出版物跨平台的正常显示。

2. 超文本技术实现各要素链接

超文本技术的最大优势是利于网络传播数字出版物。超文本技术应用超文本标记语言（Hyper Text Markup Language，HTML），这种语言是一种用来创作万维网页面的描述语言。利用超文本标记语言，通过网页把数字出版物形式设计的各构成要素（文字、图片、动画、视频等）相连是简单有效的方法，并且这种方法容易掌握，组合要素不需要过多专业技巧，对计算机稍有基础的人都较容易掌握，但是这种方法的缺点是不利于脱离计算机网络平台。

为解决这个问题，一般在设计的最后阶段要进行封套编写，即要把网页格式的数字出版物转化成单机版操作的数字出版物，这样就能使设计的数字出版物脱离计算机网络平台，扩大其适用范围。

## 七、数字出版物的空间状态设计

数字出版物整体设计的空间状态复杂多变。目前，可以把数字出版物整体设计的空间状态粗略分为静态空间构成和动态空间构成。静态空间构成包括文字、图像、视频和动画等要素在数字出版物整体设计中所处的位置与分布状态。动态空间构成则是在静态空间的基础上由各要素内部运动所产生的整体动态效果。

1. 数字出版物设计的静态空间

空间是处于静止状态还是运动状态，则是由空间内部的物体之间发生相对运动所决定的，空间内部物体运动才会引发空间的变化，形成动态空间；反之，则为静态空间。

数字出版物首先给读者形成的是一个完全虚拟的空间状态，构成数字出版物形式的各个要素的相对状态决定了数字出版物的空间状态。完全静止的空间是不存在的，而在数字出版物形式中只能出现某一时刻的静态空间，这个静态空间在设计上表现为构成数字出版物的各要素的分布状态，该状态是没有人机交互任务时各要素的相对静止状态，静态空间有充足的时间让观赏者获取画面信息，物体的静止状态也更清晰地被呈现出来，因此这样的空间适合表现多层次要素关系和复杂的位置关系。当然，也要求在进行静态空间的设计时必须准确、严谨，并且应能够鲜明地表现数字出版物的整体设计风格。

2. 数字出版物设计的动态空间

动态空间是数字出版物在形式设计上与传统纸质出版物区别最大的方面。数字出版物中的空间运动主要反映在两个方面：一是其本身运动引起的位移和变形，如在数字出版物中一个起导航作用的按钮，在整个画面布局中静止不变，一旦对它进行操作，它立即就会对用户的操作做出反应，按照整体设计，它可能会产生一些动态效果，同时伴有操作声音或动画效果等。二是设计者创造出类似电影中摄影机镜头的各种运动方式，如模拟摄像镜头的推、拉、摇、移、升、降等或者模拟镜头画面的景别、角度，构图的变化形成作品画面实体的运动。

把传统纸质出版物的内容转化为利用数字技术表现的多元化艺术形式，正是数字出版物的根本目的。数字出版物整体设计的动态空间表现形式多样，除各要素本身的动态效果构成动态空间以外，更大的动态空间是蕴含在静态空间之中需要用户激活的空间，而这两种动态空间是数字出版物区别于传统纸质出版物的根本。

虽然数字出版物通过计算机、电子阅读器等设备浏览，与传统纸质出版物相比缺少封面装帧设计等，在空间状态方面立体性较差，但由于数字媒体的新特性，屏幕界面在虚拟空间中可以无限延伸，从而弥补了上述缺陷。数字出版物通过整体设计将内容与技术完美结合而更具有审美感染力，通过传统出版物所不具备的空间状态设计实现动静相辅相成，力求达到视觉平衡，提升阅读体验。

# 案例展示　《北京·胡同 STYLE》*

## 一、策划缘起

北京作为首都，在我国具有重要的政治地位，而且超过 3000 年的城市历史和超过 800 年的建都史也让北京具有重要的历史地位、文化地位。可以说，北京是我国最重要的城市之一。

随着国家实力的提升和国际地位的提高，北京的政治、经济、文化地位进一步提升。当每天有超过几百万的外来人口在北京川流不息时，他们中的很多人对北京可能是一知半解。为了让人们能在较短时间内建立对北京较为全面的认识，市面上已经涌现了大量的图书、杂志等纸质出版物，也有系列网站对北京的各类资源进行系统介绍。

现代社会已发展到移动互联网时代，以智能手机、平板电脑为主要代表的各种移动终端成为现代人生活的必需品。在软、硬件环境都具备一定基础的条件下，采用数字交互杂志的形式将不同内容资源做成电子杂志，推送到移动终端，可以克服纸质出版物容量有限、媒体展现形式单一的弊端，能够以多媒体、交互的形式展现北京的历史、文化等各种资源，这是一种前沿、先进的新媒体形式，符合现代人的媒体接受习惯，能够让他们全天候、多方位地接触信息，提高信息使用的便捷度和及时性，具有推广的可能性和可行性。

---

* 该案例是教师为学生示例，旨在分析、说明纸质出版物与数字出版物之间的异同、变与不变，为课堂演示方案，展示基于平台的电子杂志的选题策划、组稿、审稿、编辑加工、发布等一系列环节和流程。

## 二、选题说明

北京作为国际综合性特大城市，本身的各类信息资源非常丰富。要对北京进行全面、具体的说明，并在单一的出版物中实现是不可能完成的任务，必须对“北京”这个词所蕴含的内容进行分解，从游客所能接触、感知、理解的层面选择特定角度进行分析，从小的视角进行展现，才能让普通的游客接受。

对“北京”进行分析，易于表现且符合游客兴趣的内容主要集中在历史、文化、人文等方面，如以故宫、颐和园、天坛等现存宫观、历史建筑为代表的市区古迹，以长城、明陵等为代表的郊区古迹，以及远郊区县游览等。这些内容虽然可以深挖并以多媒体交互再现，但这些地方游客往往可以亲自体验，对这种虚拟性展现的兴趣并不大。因此，采用多媒体、交互的数字方式展现北京，需要选择更合适的资源。

最终，我们选择“北京胡同”，重点选择二环内现存的以后海、南锣鼓巷、北锣鼓巷等为代表的胡同作为杂志的内容主线，这是普通游客能够看到但不能进去（胡同街道游客可以行走，但胡同里的居民一般拒绝参观和拍照）参观的特殊景观。

同时，以“胡同”为主题进行策划，符合政府保护各种文化遗存的要求。胡同文化作为北京文化的一个特殊代表，已经受到政府的高度重视和保护，这样的电子杂志符合政策要求，可以获得相应支持。

现在的胡同都在不同程度上进入现代化。不同层次的商业开发也可能为该杂志带来收益。本选题在进行历史和文化记录外，也有一定的商业开发价值，胡同旅游、胡同酒吧街、胡同房地产等商户都可能通过杂志的链接成为客户，实现电子商务领域的盈利。因此，“胡同”选题策划与开发符合各方面需求。

## 三、资料收集

以“胡同”为选题进行策划，资料搜集较为便利。一方面胡同已经成为社会关注的热点，不少摄影师以此为题材进行拍摄，网络上也有图片等人量资料；另一方面胡同的保护、改建、拆迁正在开展，可以通过采风等方式现场采集素材。

我们已经收集选题相关图片超过 200 张、文字素材超过 10 万字。从纸质图书、杂志出版角度来看，资源储备已经具备加工制作的基础。

以“胡同”为主题的音乐形式多样，如《胡同》《京韵悠悠》《百花深处》《胡同口的大槐树》《漫步柳荫街》等歌曲被广为传唱，京韵大鼓等民乐题材也能够契合主题，制作该电子杂志的音频资源丰富。

在视频资源方面，大量以北京为生活背景的影视题材作品中频繁出现胡同画面，如《四世同堂》《骆驼祥子》等，有很多画面经过裁切加工可以使用，制作该杂志的视频资源较为丰富。

如果在该杂志中加入动漫色彩，以《快乐东西》为代表的动画片等也有可以借鉴的镜头。

新媒体时代的电子杂志的竞争不仅是各种构成要素的数量，资料之间的组合和呈现方式也是竞争的重点。利用适当的软件，本选题的资料收集较容易完成。

## 四、杂志定位

对该杂志进行定位需要进行多角度的细分。本选题以“北京 · 胡同 STYLE”作为杂志名称，目的是兼顾北京的大视野与胡同的小视角，将对北京的庞大叙事通过胡同生活的细微之处来呈现。这种内容的构思兼顾历史文化的表现及人文风光，主要面向我国有一定文化素养的人群及外国游客。

### （一）读者定位

该杂志的读者定位是面向有一定文化素养的人群及外国游客。选择这两类人群的原因在于该群体具有相对较高的文化素质，对内容能够进行深入、细致的解读，普通的风光、旅游等介绍的出版物内容不能满足他们的需求。

该读者群体的经济收入通常较好，他们有能力使用较为先进的移动设备，也具有较强的经济条件，为杂志的后期开发、收费等预留接口。

### （二）结构定位

杂志的结构设计要求简洁、合理，界面要求直观、友好，力求通过合理的结构和直观、友好的界面降低使用难度，通过检索、交互等设计增加阅读趣味和内容查询的便利。

（三）内容定位

杂志在内容上要综合性强、易读性强，相关拓展阅读完备。随着互联网的发展和数字摄影、摄像技术的不断改进，人们的阅读习惯已经发生了深刻的变化，现代读者已经渐渐不满足于对大段文字的阅读和理解，而对图片和视频资料更感兴趣。杂志尽量以图片、视频资料的形式直观地描述事件发生的大致情况。

杂志的文字要求对具体“胡同”范围内的介绍对象进行详尽而有条理的描述，配之以形象、直观的图片展现。同时，在音视频资源具备的情况下，适当配置音视频的交互，提升杂志整体的品位和内涵。

（四）目标定位

打造胡同文化介绍的优势资源，为读者提供详尽、完整的胡同内容资源，为读者提供交互、开放平台，增进杂志内外的信息互通、意见交流。

（五）设计原则定位

该电子杂志设计应坚持非商业性、品牌性、经济性、可扩充性、多平台发布等原则。

1. 非商业性原则

选题“北京·胡同 STYLE”是在胡同文化的展现和概括的基础上进行基于网络的宣传，在实现文化传承、历史记忆之外，具有商业开发的可能性，因此在进行设计原则定位时，初期必然是免费提供，在形成品牌优势后可以进行商业开发，应该为商业开发预留接口。

2. 品牌性原则

在纸媒出版中，涉及文化旅游、胡同等内容的虽多，但都在学术研究和旅游概览之间游走，过度学术和过于商业始终不能两全。该电子杂志在保证内容准确严谨的基础上，为胡同文化增加时代感，为读者提供有价值的信息和阅读体验，充分体现交互电子杂志的品牌优势，使资源尽可能地转化成品牌效应。

3. 经济性原则

本电子杂志的设计与制作应该坚持经济性原则，选择适宜的软件进行技术制作，建立适合胡同文化展现、广泛满足读者多种需求的杂志平台，并确保其较好的拓展性和开放性。

同时，该电子杂志的管理后台应该让管理员能够自主对大部分内容进行更新、修改操作，节省运营成本，提高信息更新和传播的效率。

4. 可扩充性原则

该电子杂志的整体规划及框架设计应具有可扩充性。前台页面的设计能保证电子杂志在增加内容后不会破坏整体结构；后台软件的采用设计具有高度扩充性，管理员能够根据需要对页面、栏目、类别进行增、删等修改。

5. 多平台发布原则

该电子杂志主要依托平板电脑、智能手机进行发布，但应当为整合纸媒印刷发布、网站发布预留接口，能够进行“三网三屏”的多平台发布。

## 五、设计制作及输出

该电子杂志根据课程班培训软件制作，主要软件有 In Design、Aquafadas、PS 等，具体设计制作过程在此省略。

## 六、电子杂志的整体架构

《北京・胡同 STYLE》电子杂志的整体架构按照知识体系的包容性，根据内容详略不同，可以分为不同层级。

以小组成员收集资料为例，可以分为多级内容在页面展现，如展现胡同小吃内容的部分，从初始页面开始，按照“北京・胡同 STYLE→胡同生活→胡同生活・吃→胡同生活・吃・小吃→胡同生活・吃・小吃・艾窝窝”的基本架构分为五级；展现胡同出行内容的部分，从初始页面开始，按照“北京・胡同 STYLE→胡同生活→胡同生活・行→胡同生活・行・自行车”的基本架构分为四级。

该电子杂志的整体架构如图 7-8 所示，仅展示三级层次。

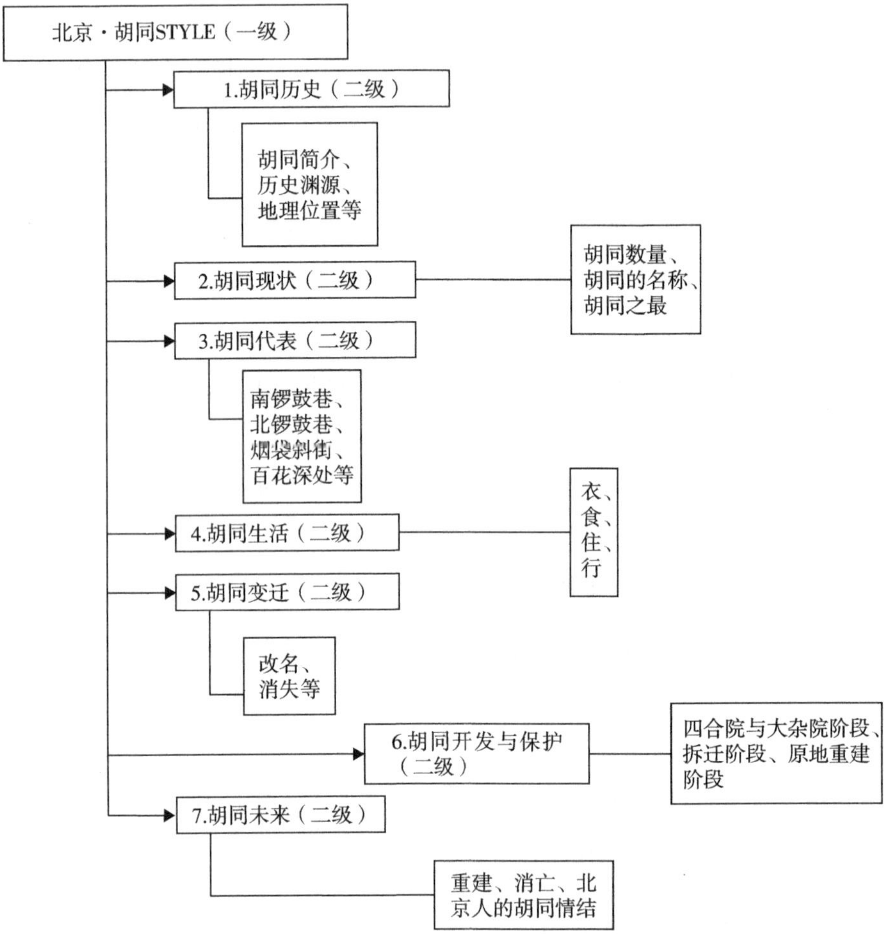


图 7-8 电子杂志《北京·胡同 STYLE》的整体架构

## 七、技术解决方案

（1）租借服务器，不但可以满足一般的文字、图片上传需求，还可以满足视频、Flash 文件上传的需要。小组原本打算租用虚拟主机，但是提供租赁方表示并不能给我们提供数据库和源代码。应大赛组委会要求，我们将方案换成租用服务器，即可以完成一般的文字、图片、视频上传任务。

（2）选择操作系统。我们选择由微软公司开发的 Windows NT 4.0 Serve，由于其具有较高的可靠性和安全性，更适合新闻题材类网站的搭建。采用 Windows 家族统一的图形界面使我们使用起来更加容易。

## 八、后期维护计划

（1）对扩充性维护人员进行日常维护、更新方面的技术培训，开发成功后我们能自主完成对整个电子杂志的维护更新。

（2）后期推广阶段，该电子杂志将以链接百度和谷歌广告的形式获取广告费，以支付后期服务器租用花费和维护成本。

# 参考文献


[1] 陈丹，张志林．数字出版产业创新模式分析与展望［J］．中国出版，2011（13）：47-50.

[2] 陈丹．我国出版社数字出版发展策略及商业模式探析［J］．出版发行研究，2009（11）：20-22.

[3] 范军．《出版管理条例》实施二十年的回顾与思考［J］．中国出版史研究，2017（02）：142-151.

[4] 傅祚华．出版专业职业资格考试重在考察编辑基本功［J］．中国编辑，2014（05）：78-79.

[5] 国务院关于修改《出版管理条例》的决定［N］．人民日报，2011-08-04（014）.

[6] 韩啸，赵莹莹，李琦，等．期刊编辑工作的原则及素质要求探究［J］．编辑学报，2019，31（S1）：134-136.

[7] 胡兵．跨媒体出版的生产流程再造研究［J］．科技与出版，2011（03）：63-66.

[8] 黄奇杰，李淑瑛．报刊编辑实务教程［M］．杭州：浙江大学出版社，2013.

[9] 李弘．基于国家数字复合出版系统工程的知识服务浅析［J］．科技与出版，2015（08）：18-21.

[10] 李林容．大数据时代下网络编辑新思维［J］．出版发行研究，2015（03）：64-67.

[11] 李文娟．完善出版专业技术人员职业资格制度的建议［J］．科技与出版，2015（05）：116-119.

[12] 刘铁光．侵犯著作权的法律责任规则体系构建——以《著作权法》的完善为

中心［J］. 知识产权，2022（09）：90-108.
［13］吕志军. 编辑加工基本要求［J］. 科技与出版，2013（05）：21-22.
［14］龙海燕. 报纸出版生产流程可视化管理分析［J］. 中国报业，2020（20）：44-45.
［15］牟丽. 实施项目进度管理优化图书编辑出版生产流程［J］. 中国编辑，2011（02）：25-28.
［16］聂震宁. 出版专业职业资格考试：行业的自我完善、自我提高［J］. 出版与印刷，2022（6）：1-2.
［17］聂震宁. 从智慧阅读看智慧出版转型［J］. 现代出版，2021（06）：5-9.
［18］孙玉玲. 智慧城市建设背景下的数字出版企业转型［J］. 出版发行研究，2016（3）：5-9.
［19］万安伦. 数字出版研究——运行模式与发展趋势［M］. 北京：中国传媒大学出版社，2017.
［20］王方宪. 书稿质量检查与编辑加工要求［J］. 中国编辑，2016（03）：12-16.
［21］王关义. 中国出版业体制改革与发展研究［M］. 北京：中央编译出版社，2017.
［22］王宏. 移动互联网时代网络编辑人才培养模式［J］. 出版发行研究，2018（04）：90-93.
［23］夏新宇. 在规范与灵动中打造"精品"——从出版专业职业资格考试谈期刊质量与编辑的素质［J］. 科技与出版，2015（04）：21-24.
［24］谢炜. 智慧出版：数字时代的学术出版转型之路［J］. 文献与数据学报，2019 1（4）：97-103.
［25］许建. 图书选题策划的全媒体视角［J］. 出版广角，2015（13）：24-26.
［26］杨春兰. 我国人文社科核心期刊评价发展的历史脉络、特点及启示［J］. 中国出版，2021（21）：5-11.
［27］赵冰. 构建全流程数字出版平台［J］. 出版参考，2009（31）.
［28］张丽. 关于出版专业职业资格考试的话题［J］. 科技与出版，2003（04）：13-15.

[29] 张青松，赵天广，赵曼琳. 科技期刊青年编辑素质培养［J］. 编辑学报，2019，31（S1）：131-133.

[30] 张筱峰. 互联网时代下图书的选题策划、营销与出版的思考［J］. 编辑学刊，2020（03）：96-101.

[31] 周康，刘晨旭. 我国图书编辑队伍职业素养调查——基于上海、山西、辽宁三地的调研与分析［J］. 中国出版，2021（15）：28-34.

## 附录一

# 《出版管理条例》

（2001 年 12 月 25 日中华人民共和国国务院令第 343 号公布　根据 2011 年 3 月 19 日《国务院关于修改〈出版管理条例〉的决定》第一次修订　根据 2013 年 7 月 18 日《国务院关于废止和修改部分行政法规的决定》第二次修订　根据 2014 年 7 月 29 日《国务院关于修改部分行政法规的决定》第三次修订　根据 2016 年 2 月 6 日《国务院关于修改部分行政法规的决定》第四次修订　根据 2020 年 11 月 29 日《国务院关于修改和废止部分行政法规的决定》第五次修订）

## 第一章　总　　则

第一条　为了加强对出版活动的管理，发展和繁荣有中国特色社会主义出版产业和出版事业，保障公民依法行使出版自由的权利，促进社会主义精神文明和物质文明建设，根据宪法，制定本条例。

第二条　在中华人民共和国境内从事出版活动，适用本条例。

本条例所称出版活动，包括出版物的出版、印刷或者复制、进口、发行。

本条例所称出版物，是指报纸、期刊、图书、音像制品、电子出版物等。

第三条　出版活动必须坚持为人民服务、为社会主义服务的方向，坚持以马克思列宁主义、毛泽东思想、邓小平理论和“三个代表”重要思想为指导，贯彻落实科学发展观，传播和积累有益于提高民族素质、有益于经济发展和社会进步的科学技术和文化知识，弘扬民族优秀文化，促进国际文化交流，丰富和提高人民的精神生活。

第四条　从事出版活动，应当将社会效益放在首位，实现社会效益与经济效益相结合。

第五条　公民依法行使出版自由的权利，各级人民政府应当予以保障。

公民在行使出版自由的权利的时候，必须遵守宪法和法律，不得反对宪法确定的基本原则，不得损害国家的、社会的、集体的利益和其他公民的合法的自由和权利。

第六条　国务院出版行政主管部门负责全国的出版活动的监督管理工作。国务院其他有关部门按照国务院规定的职责分工，负责有关的出版活动的监督管理工作。

县级以上地方各级人民政府负责出版管理的部门（以下简称出版行政主管部门）负责本行政区域内出版活动的监督管理工作。县级以上地方各级人民政府其他有关部门在各自的职责范围内，负责有关的出版活动的监督管理工作。

第七条　出版行政主管部门根据已经取得的违法嫌疑证据或者举报，对涉嫌违法从事出版物出版、印刷或者复制、进口、发行等活动的行为进行查处时，可以检查与涉嫌违法活动有关的物品和经营场所；对有证据证明是与违法活动有关的物品，可以查封或者扣押。

第八条　出版行业的社会团体按照其章程，在出版行政主管部门的指导下，实行自律管理。

## 第二章　出版单位的设立与管理

第九条　报纸、期刊、图书、音像制品和电子出版物等应当由出版单位出版。

本条例所称出版单位，包括报社、期刊社、图书出版社、音像出版社和电子出版物出版社等。

法人出版报纸、期刊，不设立报社、期刊社的，其设立的报纸编辑部、期刊编辑部视为出版单位。

第十条　国务院出版行政主管部门制定全国出版单位总量、结构、布局的规划，指导、协调出版产业和出版事业发展。

第十一条　设立出版单位，应当具备下列条件：

（一）有出版单位的名称、章程；

（二）有符合国务院出版行政主管部门认定的主办单位及其主管机关；

（三）有确定的业务范围；

（四）有 30 万元以上的注册资本和固定的工作场所；

（五）有适应业务范围需要的组织机构和符合国家规定的资格条件的编辑出版专业人员；

（六）法律、行政法规规定的其他条件。

审批设立出版单位，除依照前款所列条件外，还应当符合国家关于出版单位总量、结构、布局的规划。

第十二条　设立出版单位，由其主办单位向所在地省、自治区、直辖市人民政府出版行政主管部门提出申请；省、自治区、直辖市人民政府出版行政主管部门审核同意后，报国务院出版行政主管部门审批。设立的出版单位为事业单位的，还应当办理机构编制审批手续。

第十三条　设立出版单位的申请书应当载明下列事项：

（一）出版单位的名称、地址；

（二）出版单位的主办单位及其主管机关的名称、地址；

（三）出版单位的法定代表人或者主要负责人的姓名、住址、资格证明文件；

（四）出版单位的资金来源及数额。

设立报社、期刊社或者报纸编辑部、期刊编辑部的，申请书还应当载明报纸或者期刊的名称、刊期、开版或者开本、印刷场所。

申请书应当附具出版单位的章程和设立出版单位的主办单位及其主管机关的有关证明材料。

第十四条　国务院出版行政主管部门应当自受理设立出版单位的申请之日起 60 日内，作出批准或者不批准的决定，并由省、自治区、直辖市人民政府出版行政主管部门书面通知主办单位；不批准的，应当说明理由。

第十五条　设立出版单位的主办单位应当自收到批准决定之日起 60 日内，向所在地省、自治区、直辖市人民政府出版行政主管部门登记，领取出版许可证。登记事项由国务院出版行政主管部门规定。

出版单位领取出版许可证后，属于事业单位法人的，持出版许可证向事业单位登记管理机关登记，依法领取事业单位法人证书；属于企业法人的，持出版许可证向工商行政管理部门登记，依法领取营业执照。

第十六条　报社、期刊社、图书出版社、音像出版社和电子出版物出版社等应当具备法人条件，经核准登记后，取得法人资格，以其全部法人财产独立承担民事责任。

依照本条例第九条第三款的规定，视为出版单位的报纸编辑部、期刊编辑部不具有法人资格，其民事责任由其主办单位承担。

第十七条　出版单位变更名称、主办单位或者其主管机关、业务范围、资本结构，合并或者分立，设立分支机构，出版新的报纸、期刊，或者报纸、期刊变更名称的，应当依照本条例第十二条、第十三条的规定办理审批手续。出版单位属于事业单位法人的，还应当持批准文件到事业单位登记管理机关办理相应的登记手续；属于企业法人的，还应当持批准文件到工商行政管理部门办理相应的登记手续。

出版单位除前款所列变更事项外的其他事项的变更，应当经主办单位及其主管机关审查同意，向所在地省、自治区、直辖市人民政府出版行政主管部门申请变更登记，并报国务院出版行政主管部门备案。出版单位属于事业单位法人的，还应当持批准文件到事业单位登记管理机关办理变更登记；属于企业法人的，还应当持批准文件到工商行政管理部门办理变更登记。

第十八条　出版单位中止出版活动的，应当向所在地省、自治区、直辖市人民政府出版行政主管部门备案并说明理由和期限；出版单位中止出版活动不得超过180日。

出版单位终止出版活动的，由主办单位提出申请并经主管机关同意后，由主办单位向所在地省、自治区、直辖市人民政府出版行政主管部门办理注销登记，并报国务院出版行政主管部门备案。出版单位属于事业单位法人的，还应当持批准文件到事业单位登记管理机关办理注销登记；属于企业法人的，还应当持批准文件到工商行政管理部门办理注销登记。

第十九条　图书出版社、音像出版社和电子出版物出版社自登记之日起满180日未从事出版活动的，报社、期刊社自登记之日起满90日未出版报纸、期刊的，由原登记的出版行政主管部门注销登记，并报国务院出版行政主管部门备案。

因不可抗力或者其他正当理由发生前款所列情形的，出版单位可以向原登记的出版行政主管部门申请延期。

第二十条　图书出版社、音像出版社和电子出版物出版社的年度出版计划及涉及国家安全、社会安定等方面的重大选题，应当经所在地省、自治区、直辖市人民政府出版行政主管部门审核后报国务院出版行政主管部门备案；涉及重大选题，未在出版前报备案的出版物，不得出版。具体办法由国务院出版行政主管部门制定。

期刊社的重大选题，应当依照前款规定办理备案手续。

第二十一条　出版单位不得向任何单位或者个人出售或者以其他形式转让本单位的名称、书号、刊号或者版号、版面，并不得出租本单位的名称、刊号。

出版单位及其从业人员不得利用出版活动谋取其他不正当利益。

第二十二条　出版单位应当按照国家有关规定向国家图书馆、中国版本图书馆和国务院出版行政主管部门免费送交样本。

## 第三章　出版物的出版

第二十三条　公民可以依照本条例规定，在出版物上自由表达自己对国家事务、经济和文化事业、社会事务的见解和意愿，自由发表自己从事科学研究、文学艺术创作和其他文化活动的成果。

合法出版物受法律保护，任何组织和个人不得非法干扰、阻止、破坏出版物的出版。

第二十四条　出版单位实行编辑责任制度，保障出版物刊载的内容符合本条例的规定。

第二十五条　任何出版物不得含有下列内容：

（一）反对宪法确定的基本原则的；

（二）危害国家统一、主权和领土完整的；

（三）泄露国家秘密、危害国家安全或者损害国家荣誉和利益的；

（四）煽动民族仇恨、民族歧视，破坏民族团结，或者侵害民族风俗、习惯的；

（五）宣扬邪教、迷信的；

（六）扰乱社会秩序，破坏社会稳定的；

（七）宣扬淫秽、赌博、暴力或者教唆犯罪的；

（八）侮辱或者诽谤他人，侵害他人合法权益的；

（九）危害社会公德或者民族优秀文化传统的；

（十）有法律、行政法规和国家规定禁止的其他内容的。

第二十六条　以未成年人为对象的出版物不得含有诱发未成年人模仿违反社会公德的行为和违法犯罪的行为的内容，不得含有恐怖、残酷等妨害未成年人身心健康的内容。

第二十七条　出版物的内容不真实或者不公正，致使公民、法人或者其他组织的合法权益受到侵害的，其出版单位应当公开更正，消除影响，并依法承担其他民事责任。

报纸、期刊发表的作品内容不真实或者不公正，致使公民、法人或者其他组织的合法权益受到侵害的，当事人有权要求有关出版单位更正或者答辩，有关出版单位应当在其近期出版的报纸、期刊上予以发表；拒绝发表的，当事人可以向人民法院提起诉讼。

第二十八条　出版物必须按照国家的有关规定载明作者、出版者、印刷者或者复制者、发行者的名称、地址，书号、刊号或者版号，在版编目数据，出版日期、刊期以及其他有关事项。

出版物的规格、开本、版式、装帧、校对等必须符合国家标准和规范要求，保证出版物的质量。

出版物使用语言文字必须符合国家法律规定和有关标准、规范。

第二十九条　任何单位和个人不得伪造、假冒出版单位名称或者报纸、期刊名称出版出版物。

第三十条　中学小学教科书由国务院教育行政主管部门审定；其出版、发行单位应当具有适应教科书出版、发行业务需要的资金、组织机构和人员等条件，并取得国务院出版行政主管部门批准的教科书出版、发行资质。纳入政府采购范围的中学小学教科书，其发行单位按照《中华人民共和国政府采购法》的有关规定确定。其他任何单位或者个人不得从事中学小学教科书的出版、发行业务。

## 第四章　出版物的印刷或者复制和发行

第三十一条　从事出版物印刷或者复制业务的单位，应当向所在地省、自治区、直辖市人民政府出版行政主管部门提出申请，经审核许可，并依照国家有关规定到工商行政管理部门办理相关手续后，方可从事出版物的印刷或者复制。

未经许可并办理相关手续的，不得印刷报纸、期刊、图书，不得复制音像制品、电子出版物。

第三十二条　出版单位不得委托未取得出版物印刷或者复制许可的单位印刷或者复制出版物。

出版单位委托印刷或者复制单位印刷或者复制出版物的，必须提供符合国家规定的印刷或者复制出版物的有关证明，并依法与印刷或者复制单位签订合同。

印刷或者复制单位不得接受非出版单位和个人的委托印刷报纸、期刊、图书或者复制音像制品、电子出版物，不得擅自印刷、发行报纸、期刊、图书或者复制、发行音像制品、电子出版物。

第三十三条　印刷或者复制单位经所在地省、自治区、直辖市人民政府出版行政主管部门批准，可以承接境外出版物的印刷或者复制业务；但是，印刷或者复制的境外出版物必须全部运输出境，不得在境内发行。

境外委托印刷或者复制的出版物的内容，应当经省、自治区、直辖市人民政府出版行政主管部门审核。委托人应当持有著作权人授权书，并向著作权行政管理部门登记。

第三十四条　印刷或者复制单位应当自完成出版物的印刷或者复制之日起2年内，留存一份承接的出版物样本备查。

第三十五条　单位从事出版物批发业务的，须经省、自治区、直辖市人民政府出版行政主管部门审核许可，取得《出版物经营许可证》。

单位和个体工商户从事出版物零售业务的，须经县级人民政府出版行政主管部门审核许可，取得《出版物经营许可证》。

第三十六条　通过互联网等信息网络从事出版物发行业务的单位或者个体工商户，应当依照本条例规定取得《出版物经营许可证》。

提供网络交易平台服务的经营者应当对申请通过网络交易平台从事出版物发

行业务的单位或者个体工商户的经营主体身份进行审查，验证其《出版物经营许可证》。

第三十七条　从事出版物发行业务的单位和个体工商户变更《出版物经营许可证》登记事项，或者兼并、合并、分立的，应当依照本条例第三十五条的规定办理审批手续。

从事出版物发行业务的单位和个体工商户终止经营活动的，应当向原批准的出版行政主管部门备案。

第三十八条　出版单位可以发行本出版单位出版的出版物，不得发行其他出版单位出版的出版物。

第三十九条　国家允许设立从事图书、报纸、期刊、电子出版物发行业务的外商投资企业。

第四十条　印刷或者复制单位、发行单位或者个体工商户不得印刷或者复制、发行有下列情形之一的出版物：

（一）含有本条例第二十五条、第二十六条禁止内容的；

（二）非法进口的；

（三）伪造、假冒出版单位名称或者报纸、期刊名称的；

（四）未署出版单位名称的；

（五）中学小学教科书未经依法审定的；

（六）侵犯他人著作权的。

## 第五章　出版物的进口

第四十一条　出版物进口业务，由依照本条例设立的出版物进口经营单位经营；其他单位和个人不得从事出版物进口业务。

第四十二条　设立出版物进口经营单位，应当具备下列条件：

（一）有出版物进口经营单位的名称、章程；

（二）有符合国务院出版行政主管部门认定的主办单位及其主管机关；

（三）有确定的业务范围；

（四）具有进口出版物内容审查能力；

（五）有与出版物进口业务相适应的资金；

（六）有固定的经营场所；

（七）法律、行政法规和国家规定的其他条件。

第四十三条　设立出版物进口经营单位，应当向国务院出版行政主管部门提出申请，经审查批准，取得国务院出版行政主管部门核发的出版物进口经营许可证后，持证到工商行政管理部门依法领取营业执照。

设立出版物进口经营单位，还应当依照对外贸易法律、行政法规的规定办理相应手续。

第四十四条　出版物进口经营单位变更名称、业务范围、资本结构、主办单位或者其主管机关，合并或者分立，设立分支机构，应当依照本条例第四十二条、第四十三条的规定办理审批手续，并持批准文件到工商行政管理部门办理相应的登记手续。

第四十五条　出版物进口经营单位进口的出版物，不得含有本条例第二十五条、第二十六条禁止的内容。

出版物进口经营单位负责对其进口的出版物进行内容审查。省级以上人民政府出版行政主管部门可以对出版物进口经营单位进口的出版物直接进行内容审查。出版物进口经营单位无法判断其进口的出版物是否含有本条例第二十五条、第二十六条禁止内容的，可以请求省级以上人民政府出版行政主管部门进行内容审查。省级以上人民政府出版行政主管部门应出版物进口经营单位的请求，对其进口的出版物进行内容审查的，可以按照国务院价格主管部门批准的标准收取费用。

国务院出版行政主管部门可以禁止特定出版物的进口。

第四十六条　出版物进口经营单位应当在进口出版物前将拟进口的出版物目录报省级以上人民政府出版行政主管部门备案；省级以上人民政府出版行政主管部门发现有禁止进口的或者暂缓进口的出版物的，应当及时通知出版物进口经营单位并通报海关。对通报禁止进口或者暂缓进口的出版物，出版物进口经营单位不得进口，海关不得放行。

出版物进口备案的具体办法由国务院出版行政主管部门制定。

第四十七条　发行进口出版物的，必须从依法设立的出版物进口经营单位进货。

第四十八条　出版物进口经营单位在境内举办境外出版物展览，必须报经国务院出版行政主管部门批准。未经批准，任何单位和个人不得举办境外出版物展览。

依照前款规定展览的境外出版物需要销售的，应当按照国家有关规定办理相关手续。

## 第六章　监督与管理

第四十九条　出版行政主管部门应当加强对本行政区域内出版单位出版活动的日常监督管理；出版单位的主办单位及其主管机关对所属出版单位出版活动负有直接管理责任，并应当配合出版行政主管部门督促所属出版单位执行各项管理规定。

出版单位和出版物进口经营单位应当按照国务院出版行政主管部门的规定，将从事出版活动和出版物进口活动的情况向出版行政主管部门提出书面报告。

第五十条　出版行政主管部门履行下列职责：

（一）对出版物的出版、印刷、复制、发行、进口单位进行行业监管，实施准入和退出管理；

（二）对出版活动进行监管，对违反本条例的行为进行查处；

（三）对出版物内容和质量进行监管；

（四）根据国家有关规定对出版从业人员进行管理。

第五十一条　出版行政主管部门根据有关规定和标准，对出版物的内容、编校、印刷或者复制、装帧设计等方面质量实施监督检查。

第五十二条　国务院出版行政主管部门制定出版单位综合评估办法，对出版单位分类实施综合评估。

出版物的出版、印刷或者复制、发行和进口经营单位不再具备行政许可的法定条件的，由出版行政主管部门责令限期改正；逾期仍未改正的，由原发证机关撤销行政许可。

第五十三条　国家对在出版单位从事出版专业技术工作的人员实行职业资格制度；出版专业技术人员通过国家专业技术人员资格考试取得专业技术资格。具体办法由国务院人力资源社会保障主管部门、国务院出版行政主管部门共同制定。

## 第七章 保障与奖励

第五十四条 国家制定有关政策，保障、促进出版产业和出版事业的发展与繁荣。

第五十五条 国家支持、鼓励下列优秀的、重点的出版物的出版：

（一）对阐述、传播宪法确定的基本原则有重大作用的；

（二）对弘扬社会主义核心价值体系，在人民中进行爱国主义、集体主义、社会主义和民族团结教育以及弘扬社会公德、职业道德、家庭美德有重要意义的；

（三）对弘扬民族优秀文化，促进国际文化交流有重大作用的；

（四）对推进文化创新，及时反映国内外新的科学文化成果有重大贡献的；

（五）对服务农业、农村和农民，促进公共文化服务有重大作用的；

（六）其他具有重要思想价值、科学价值或者文化艺术价值的。

第五十六条 国家对教科书的出版发行，予以保障。

国家扶持少数民族语言文字出版物和盲文出版物的出版发行。

国家对在少数民族地区、边疆地区、经济不发达地区和在农村发行出版物，实行优惠政策。

第五十七条 报纸、期刊交由邮政企业发行的，邮政企业应当保证按照合同约定及时、准确发行。

承运出版物的运输企业，应当对出版物的运输提供方便。

第五十八条 对为发展、繁荣出版产业和出版事业作出重要贡献的单位和个人，按照国家有关规定给予奖励。

第五十九条 对非法干扰、阻止和破坏出版物出版、印刷或者复制、进口、发行的行为，县级以上各级人民政府出版行政主管部门及其他有关部门，应当及时采取措施，予以制止。

## 第八章 法律责任

第六十条 出版行政主管部门或者其他有关部门的工作人员，利用职务上的便利收受他人财物或者其他好处，批准不符合法定条件的申请人取得许可证、批准文件，或者不履行监督职责，或者发现违法行为不予查处，造成严重后果的，依法给予降级直至开除的处分；构成犯罪的，依照刑法关于受贿罪、滥用职权罪、玩忽职守罪或者其他罪的规定，依法追究刑事责任。

第六十一条　未经批准，擅自设立出版物的出版、印刷或者复制、进口单位，或者擅自从事出版物的出版、印刷或者复制、进口、发行业务，假冒出版单位名称或者伪造、假冒报纸、期刊名称出版出版物的，由出版行政主管部门、工商行政管理部门依照法定职权予以取缔；依照刑法关于非法经营罪的规定，依法追究刑事责任；尚不够刑事处罚的，没收出版物、违法所得和从事违法活动的专用工具、设备，违法经营额1万元以上的，并处违法经营额5倍以上10倍以下的罚款，违法经营额不足1万元的，可以处5万元以下的罚款；侵犯他人合法权益的，依法承担民事责任。

第六十二条　有下列行为之一，触犯刑律的，依照刑法有关规定，依法追究刑事责任；尚不够刑事处罚的，由出版行政主管部门责令限期停业整顿，没收出版物、违法所得，违法经营额1万元以上的，并处违法经营额5倍以上10倍以下的罚款；违法经营额不足1万元的，可以处5万元以下的罚款；情节严重的，由原发证机关吊销许可证：

（一）出版、进口含有本条例第二十五条、第二十六条禁止内容的出版物的；

（二）明知或者应知出版物含有本条例第二十五条、第二十六条禁止内容而印刷或者复制、发行的；

（三）明知或者应知他人出版含有本条例第二十五条、第二十六条禁止内容的出版物而向其出售或者以其他形式转让本出版单位的名称、书号、刊号、版号、版面，或者出租本单位的名称、刊号的。

第六十三条　有下列行为之一的，由出版行政主管部门责令停止违法行为，没收出版物、违法所得，违法经营额1万元以上的，并处违法经营额5倍以上10倍以下的罚款；违法经营额不足1万元的，可以处5万元以下的罚款；情节严重的，责令限期停业整顿或者由原发证机关吊销许可证：

（一）进口、印刷或者复制、发行国务院出版行政主管部门禁止进口的出版物的；

（二）印刷或者复制走私的境外出版物的；

（三）发行进口出版物未从本条例规定的出版物进口经营单位进货的。

第六十四条 走私出版物的，依照刑法关于走私罪的规定，依法追究刑事责任；尚不够刑事处罚的，由海关依照海关法的规定给予行政处罚。

第六十五条 有下列行为之一的，由出版行政主管部门没收出版物、违法所得，违法经营额1万元以上的，并处违法经营额5倍以上10倍以下的罚款；违法经营额不足1万元的，可以处5万元以下的罚款；情节严重的，责令限期停业整顿或者由原发证机关吊销许可证：

（一）出版单位委托未取得出版物印刷或者复制许可的单位印刷或者复制出版物的；

（二）印刷或者复制单位未取得印刷或者复制许可而印刷或者复制出版物的；

（三）印刷或者复制单位接受非出版单位和个人的委托印刷或者复制出版物的；

（四）印刷或者复制单位未履行法定手续印刷或者复制境外出版物的，印刷或者复制的境外出版物没有全部运输出境的；

（五）印刷或者复制单位、发行单位或者个体工商户印刷或者复制、发行未署出版单位名称的出版物的；

（六）印刷或者复制单位、发行单位或者个体工商户印刷或者复制、发行伪造、假冒出版单位名称或者报纸、期刊名称的出版物的；

（七）出版、印刷、发行单位出版、印刷、发行未经依法审定的中学小学教科书，或者非依照本条例规定确定的单位从事中学小学教科书的出版、发行业务的。

第六十六条 出版单位有下列行为之一的，由出版行政主管部门责令停止违法行为，给予警告，没收违法经营的出版物、违法所得，违法经营额1万元以上的，并处违法经营额5倍以上10倍以下的罚款；违法经营额不足1万元的，可以处5万元以下的罚款；情节严重的，责令限期停业整顿或者由原发证机关吊销许可证：

（一）出售或者以其他形式转让本出版单位的名称、书号、刊号、版号、版面，或者出租本单位的名称、刊号的；

（二）利用出版活动谋取其他不正当利益的。

第六十七条 有下列行为之一的，由出版行政主管部门责令改正，给予警告；情节严重的，责令限期停业整顿或者由原发证机关吊销许可证：

（一）出版单位变更名称、主办单位或者其主管机关、业务范围，合并或者分立，出版新的报纸、期刊，或者报纸、期刊改变名称，以及出版单位变更其他事项，未依照本条例的规定到出版行政主管部门办理审批、变更登记手续的；

（二）出版单位未将其年度出版计划和涉及国家安全、社会安定等方面的重大选题备案的；

（三）出版单位未依照本条例的规定送交出版物的样本的；

（四）印刷或者复制单位未依照本条例的规定留存备查的材料的；

（五）出版进口经营单位未将其进口的出版物目录报送备案的；

（六）出版单位擅自中止出版活动超过180日的；

（七）出版物发行单位、出版物进口经营单位未依照本条例的规定办理变更审批手续的；

（八）出版物质量不符合有关规定和标准的。

第六十八条　未经批准，举办境外出版物展览的，由出版行政主管部门责令停止违法行为，没收出版物、违法所得；情节严重的，责令限期停业整顿或者由原发证机关吊销许可证。

第六十九条　印刷或者复制、批发、零售、出租、散发含有本条例第二十五条、第二十六条禁止内容的出版物或者其他非法出版物的，当事人对非法出版物的来源作出说明、指认，经查证属实的，没收出版物、违法所得，可以减轻或者免除其他行政处罚。

第七十条　单位违反本条例被处以吊销许可证行政处罚的，其法定代表人或者主要负责人自许可证被吊销之日起10年内不得担任出版、印刷或者复制、进口、发行单位的法定代表人或者主要负责人。

出版从业人员违反本条例规定，情节严重的，由原发证机关吊销其资格证书。

第七十一条　依照本条例的规定实施罚款的行政处罚，应当依照有关法律、行政法规的规定，实行罚款决定与罚款收缴分离；收缴的罚款必须全部上缴国库。

## 第九章　附　　则

第七十二条　行政法规对音像制品和电子出版物的出版、复制、进口、发行另有规定的，适用其规定。

接受境外机构或者个人赠送出版物的管理办法、订户订购境外出版物的管理办法、网络出版审批和管理办法，由国务院出版行政主管部门根据本条例的原则另行制定。

第七十三条　本条例自2002年2月1日起施行。1997年1月2日国务院发布的《出版管理条例》同时废止。

附录二

# 出版术语

出版是将作品编辑加工后，经过复制向公众发行，是一个由编辑、复制、发行三个阶段联结而成的有序的过程。

作品。根据《中华人民共和国著作权法实施条例》的定义，“作品是指文学、艺术和科学领域内具有独创性并能以某种有形形式复制的智力成果”，包括文字作品，口述作品，音乐、戏剧、曲艺、舞蹈、杂技艺术作品，美术、建筑作品，摄影作品，电影作品和以类似摄制电影的方法创作的作品，图形、模型作品等。

编辑是按照一定的方针，设计、组织、选择和加工稿件，为复制、发行作准备的工作，也被用于指称从事编辑工作的人员或新闻、出版专业技术职务系统中的中级职务。

编辑活动的基本特点：第一，编辑活动是在一定的方针指导下进行的；第二，编辑活动最基本的内容是设计、组织、选择和加工稿件；第三，编辑活动的根本目的是为出版物的复制、发行作准备。

选题是编辑在对采集到的信息做综合研究的基础上，为适应社会、读者需要而提出的精神生产课题。

选题策划是围绕着选题开展的采集信息、思考、论证、组合等编辑劳动。它是编辑工作从酝酿到正式启动的标志。选题策划是编辑过程中发挥编辑创造性，实现社会效益与经济效益双佳目标的最重要环节。选题策划须经过新生长点捕捉、总体构思、论证和决策、修订和优化等步骤。新生长点捕捉是依据收集到的各种信息，努力抓住各种能生长形成选题的新点子。总体构思是将信息采集阶段获得的、经过筛选优化的一般社会文化信息，构建成具体的选题设想。选题论证和决策是分析判断选题设想转化形成出版物后能否为读者所接受，出版后能否取得双佳效益，从而对选题是否列入计划作出决定。修订和优化是在实践过程中修改、完善选题设计，使它进一步提高，更具可操作性，更适应市场需求。

组稿是编辑为使选题形成稿件而落实作者并进行一系列相关工作的综合性活动。组织稿件是落实选题的重要环节，大致包括两个方面：一是通过一定的方式物色合适的作者后进行约稿或征稿；二是为使稿件能够达到或超过选题设想的水平而与作者联系并开展一系列活动。

审稿是指阅读审查作者的原稿，并对其做出评价和选择。我国出版界实行初审、复审和终审的三级审稿制度。我国出版社现行的审稿制度是三审责任制。初审应由具有编辑职称或具备一定条件的助理编辑人员担任；复审应由具有编审、副编审职称的编辑室主任一级的人员担任；终审应由具有编审、副编审职称的社长、总编辑（副社长、副总编辑）或由社长、总编辑指定的具有编审、副编审职称的人员担任（非社长、总编辑终审的书稿意见，要经过社长、总编辑审核）。三个环节缺一不可，三审环节中，任何两个环节的审稿工作不能同时由一个人担任。三审依照初审→复审→终审的次序循序递进；下一审级对上一审级负责并以本审级的意见为上一审级的审稿提供基础，上一审级对下一审级制约并以本审级的意见对下一审级的审稿结果作为评判与补叙。只有三审通过以后，稿件才能正式进入加工整理阶段。

外审是指请本出版社以外的人员审读稿件。外审并不是三审以外的另一审级，而是出版社在缺少相应专业的编辑人员时采取的一种特殊措施。外审不能替代三审制中的任何一个审级。外审意见只供本社决策者参考，不能作为最终决定。

签订出版合同。对经过三级审稿决定接受出版的稿件，出版社要按照著作权法的规定及时与作者签订出版合同，明确约定双方的权利和义务，以保证稿件顺利出版和依法保障双方的合法权益。出版合同的主要内容一般包括签约双方的名称，签约日期，作品名称；作者对合法享有该作品著作权的保证；作者转让的图书专有出版权所涉及的文种、期限、出版与发行地域；作者审读校样的责任；出版者向作者支付报酬的方式、数量和期限；图书出版权再转让所获利的分配；作者是否转让翻译权及其他从属权利；重印、再版的条件与报酬；作者样书的赠送办法和作者的优惠购书条件；废约和违反合同的责任；对一旦发生纠纷时所用解决方式的约定；双方认为需要约定的其他内容；等等。签订出版合同是维护作者的著作权和出版单位的专有出版权的重要步骤，有利于进一步调动双方的积极性，保持和发展编辑与作者的良好合作关系。

加工整理也称“加工”“编辑加工整理”“编辑加工”。已决定采用的稿件，即可进入这个阶段。对经过审稿决定采用的稿件，从整体到细部进行检验和校正，力求精益求精，全面优化，进一步提高稿件的内容、文字质量。

整体设计是根据已经定稿的稿件特点，从工艺、技术和艺术等方面对未来出版物的物质形态进行整体规划，并制定实施方案。就书刊而言，整体设计包括外部装帧设计和内文版式设计。

发稿是经过加工整理后的稿件在发往制作部门安排物质生产之前所进行的技术处理。原稿经过检查整理，达到“齐、清、定”后方可发往制作部门。“齐”指稿件完整齐全，除了正文及目录应完整外，凡有序言、图表、后记、索引、附录、内容提要等辅文的，也需完整无缺；“清”指稿面清楚，不仅文字形体清楚，而且勾画标记泾渭分明；“定”指稿件内容已经确定，一般不再改动。为了便于复制与发行工作的顺利进行，发稿时必须填写征订单等各种单子。

发稿单是编辑部门交给制作、发行部门的有关稿件基本情况及对整体设计、排印、发行等工作所提要求的通知单。它是制作、发行部门的工作依据，其项目包括书名，编者、著者、译者姓名，稿件类别，原稿字数，稿件内容和数量（原稿正文页数及出版说明、目录、前言、附录、索引、后记等辅文的页数），读者对象，发行范围，出版日期，对整体设计、校对工作、看样等的要求，其中翻译作品的书名和原著者姓名都须附原文。

装帧设计单的项目包括书名、丛书名，编者、著者、译者姓名，开本，正文用纸种类，估计页码数，装订样式，内容介绍及对整体设计等的具体要求。

征订单的主要内容是新书预告，其项目包括书名、丛书名，编者、著者、译者姓名，书号，开本，字数，内容介绍，主要读者对象，估计定价，估计出版时间等。征订单是供发行部门了解图书内容以便做好征订工作用的。

图书在版编目（CIP）数据申报单用于向中国国家版本馆 CIP 数据中心申请核发图书在版编目数据。须填报的著录数据项目包括书名与著作责任者项，版本项，出版项，丛书项，附注项，标准书号项；检索数据项目包括图书识别特征的检索点和内容主题的检索点。每项下又各含几个小项，如书名与著作责任者项下含正书名、卷数、章回数、并列书名、副书名及说明文字、第一著作责任者、其他著作责任者。该申报单由 CIP 数据中心统一规定具体样式。

校对是根据原稿核对校样，订正差错，提出疑问，以保证出版物质量的工作。

“三校一读制度”是指一般书刊都必须至少经过三次校对（初校、二校、三校）和一次通读检查后才能付印；重点书刊、工具书等应相应增加校次；终校必须由出版社内具备中级以上出版专业职业资格的专职校对人员担任。

校样是书刊稿件经过排版后打印出的少量样张，除供校对之外，还供编辑、作者通读。编辑人员通过校样，要检查和解决原稿排版后出现的新问题，弥补加工整理或发稿的疏漏，还要处理作者的改动和校对人员提出的疑问。音像制品、电子出版物出版单位也要进行类似的样带、样片审校。

样品检查是对出版试产品的质量检查。这是出版社对其出版物的最后一次质量把关。印刷厂在完成复制以后，先装订若干本供出版社检查的书（刊），称为“样书（样刊）”。责任编辑和主管领导检查样书（样刊）后，如认为合格，就可通知工厂开始成批装订；如发现问题，须请工厂暂缓装订并进行必要的处理。音像制品、电子出版物在开始大批量生产前也有类似的试产品检查。

封面文字是图书的面封、底封和书脊上应设置的文字，如书名、作者名、出版社名等。

书名页文字是主书名页正面、反面和附书名页上应设置的文字，如版本记录、图书在版编目数据等。

内容提要是对图书内容和特点的简要介绍和说明。

作者简介是对作者身份的简要说明。

出版前言是以出版社的名义，从编辑工作的角度向读者作的交代文字。

出版后记是编辑完成编辑工作之后所写的文字。

凡例是说明书籍内容和编纂体例的文字。

封面宣传语是置于图书面封、底封或腰封上，对本书作评价、推荐的宣传文字。

序和前言统称“序言”，是置于正文前的独立文章。序亦称“叙”；前言亦称“引言”“前记”“绪言”“写在前面”等。

跋是放在书末的说明性文字，它的内容、要素与通常所说的“后记”“附记”相似。跋是相对于序而言的，而后记、附记则是相对于前言、引言、前记、绪言等而言的。序与前言一般说明创作意图、基本内容、编纂体例和读者对象，而跋与后记则或补充序与前言的不足，或对稿件完成后的新情况加以说明，或对他人在写作过程中给予的帮助致以谢意等。

目录或称“目次”，是图书正文前表明该书基本内容和层次结构的部分，一般包括正文及部分辅文的标题，兼有检索性和介绍性功能。

注释是对图书内容或文字加以解释的总称。

附录是附于图书正文后面的与正文没有直接关系或虽与正文内容有关但不适宜放入正文的各种材料。

重印是利用图书初版（第一次出版）时制作的胶片（铅印时是纸型）照原样或仅作极少量修改后的印制。它的特点是对胶片基本不做改动，从而加快了出书的速度并使生产成本大大降低。图书重印时，开本、书号、版式均不变，但封面、主书名页正面（扉页）可以重新设计；图书的中国标准书号条码一般也不变，但若定价有调整，则必须在原来的条码后加上附加码（整个条码需要重新申请制作）。重印书应在版本记录中标明印次，每重印一次记录一次，逐次累计。重印书的印数也是从初版第一次印刷起逐次累计。

再版是指对原书做较多、较重大的修改后重新排版制作的印制。再版的图书不可再用原书号，必须用新的书号；除书名外，其他如封面装帧、开本、版式等都可以重新设计。再版的图书照原样再印或略作小的改动再印，称为再版书的重印。再版书重印的印次和印数都是从初版的第一次印刷起累计。

一个出版社全年出版的初版新书、重印书、再版书种数之和称为出书总数；出书总数中重印书与再版书种数之和所占的比例就是“重版率”。重版率的高低是衡量一个出版社办得好坏的重要标志之一。

开本是表示图书幅画大小的行业用语，因为幅画是一定规格的全张纸按不同方法开切出的，故有此称。开本以全张纸开切出的数量（开数）来表示，如开切出 32 张，即称“32 开”。

开本规格是指同一种开数的开本所具有的实际幅画面积，如长 32 开、正 32 开。

书芯是图书的主体，是承载图书主体内容（包括正文及部分辅文）的部分。一定规格的纸张经正反两面印刷并经若干次折页后称为“贴”（一贴由若干书页折成），若干书贴套或叠贴组合装订后称为“书芯”。

封面也称“书皮”“封皮”，是图书的外表部分，是包在书芯外面对其起保护作用、与书芯订口处相连并印有装帧性图文的较厚纸张。

主书名页是位于书芯前（如有插页，则在插页前）的一张纸，放置图书的所有属性数据。

环衬是设置在封面（书壳）与书芯之间的衬纸，因其以两页相连环的形式被使用，故称“环衬”，也叫“蝴蝶页”。在书芯前面的叫“前环衬”，在书芯后面的叫“后环衬”。

附书名页是位于主书名页之前的一张纸，通常在双码面印刷相应文字，与主书名页正面相对应；必要时也可以使用附书名页正面（单码面）或增加附书名面的数量。

插页是印有与图书内容相关的图片、图像的书页，大多设在主书名页后、书芯前，也有因页数较多而置于书芯后的。

函套分书函与书套两种。书函是我国传统图书护装物，用厚纸板作里层，外裱织物。书套是一侧开口的硬质纸盒，规格略大于需要放置的图书。

辑封是图书正文内标明“篇”“辑”名称的书页。

腰封也称“书腰纸”，是包勒在封面腰部的有一定宽度的一条纸带，纸带上可印与该图书相关的宣传、推介性图文。

书签带是一根一端粘连在书芯的天头脊上，另一端不加固定的织物细带子，作用与书签相仿，故名。

书籍各部分的名称如附图 1 所示。

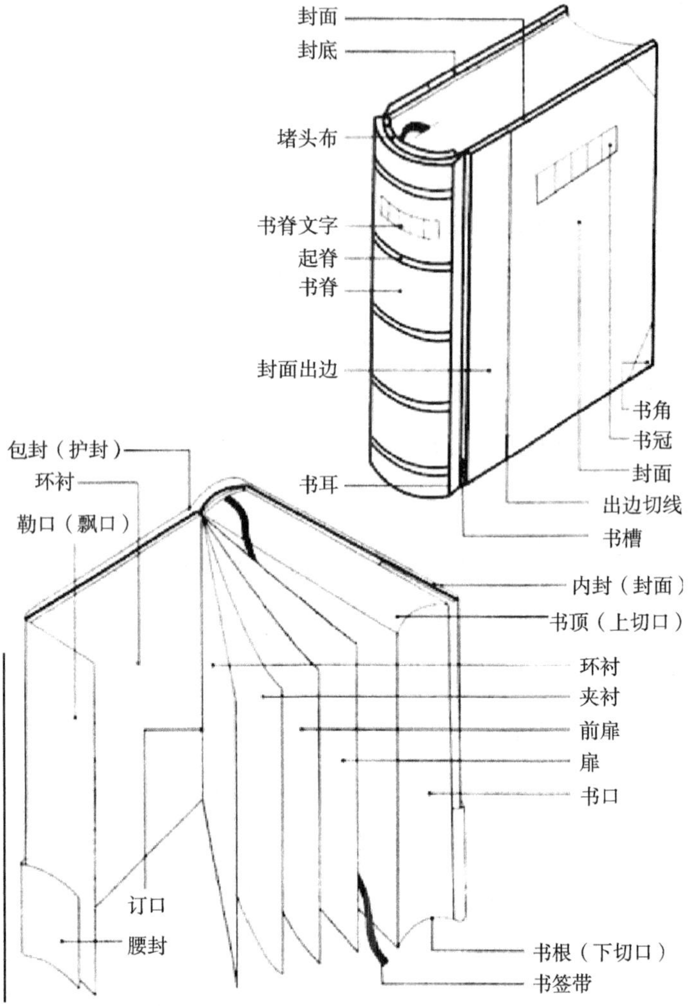


**附图1　书籍各部分的名称**

藏书票是一种专门夹在某些图书中的美术作品小型张，其作用是纪念某一图书出版发行，也可供爱好者收藏。

装订样式一般有平装、精装、线装和散页装等类。平装也称“简装”，整本书由软质纸封面、主书名页和书芯（有时还有其他非必备部件）构成，可分为普通平装与勒口平装两种。精装的最大特点在于封面的用料和印刷、加工工艺。精装书一般由纸板及软质纸或织物制成的书壳、环衬、主书名页、插页（也有无插页的）和书芯构成，因为比平装考究、精致，故称“精装”。线装是将均依中缝对折的若干书面和面封、底封叠合后，在右侧适当宽度处用线穿订起来的装订样式。散页装是图书的书页以单页状态装在专用纸袋或纸盒内。

版式就是图书版面的编排格式。

版心是版面上容纳文字、图表（一般不包括书眉、中缝和页码）的部位，由文字、图表（包括字空、行空和段空）构成。

周空是指版心四周留出的一般约 2cm 的空白，包括天头（又称“上白边”）是处于版心上方的白边；“地脚”（又称“下白边”）是处于版心下方的白边；“订口”（又称“内白边”）是位于版心内侧的白边；“翻口”（又称“外白边”）是位于版心外侧的白边。

版面字数是一定规格的版心内可容纳的字数。

书刊印制是指根据作品原稿印刷制作成书刊的整个过程。就一般的纸质书刊而言，印制通常包括三个阶段：印前制作阶段是按照已做整体设计的书刊原稿制作出印版的阶段；印刷阶段是将印版上的图文信息复制到纸张上的阶段；装订阶段是将已经印有图文的散页纸张订合成册的阶段。

印张是计算出版物篇幅的单位。全张纸幅面的一半（即一个对开张）两面印刷后称为一个印张。书刊中的一张纸称为“页”，一页的正、反面共有两个页码，故一页有两“面”。在开本确定的前提下，一个印张的页数与开数相同，页数是面数的 1/2。以 32 开本图书为例，一个印张有 32 个页码，共 32 面，合 16 页。印张计算公式：印张数=页码数/开本。若印张数计算中出现小数，一般要根据“使不足一个印张的零页呈双数（占四个页码）状态”的原则向上进位，以便于印刷、装订。

纸令是纸张的计量单位。印刷用纸以 500 张全张纸为一令，一张全张纸可折合成两个印张，所以一令就合 1000 个印张。

色令是平版胶印彩色印刷的基本计量单位。1 令纸印 1 次为 1 色令，印 2 次为 2 色令，依此类推。习惯上，平版胶印印刷以“对开”规格为计量标准，1 色令等于印 1000 张对开纸，又称“对开色令”或“对开千印”。

版本是指图书出版印刷的各种本子。图书有各种各样的版本。版本的不同主要依据两个方面：一是内容的不同，如增订本、修订本、缩写本或节本、通俗本、节译本等；二是形式的不同，如出版单位，装订形式（平装本、精装本、普及本、线装本、合订本等），排版形式（横排本、竖排本）等。

版次就是同一本书的出版次数。第一次出版叫“第一版”（初版）。如果内容经过1/3以上的修改再重新排印的叫“第二版”（再版），依此类推。

印次是同一本书的印刷次数。从第一版第一次印刷开始计算，标在版权页上。出版第二版，印次还是从第一版起累计。

印数是一次印刷的数量。累积印数是从第一版第一次起累计的。不同开本或不同装帧的书籍分别计算印数。

版面是指书刊一页纸的幅面，包括版心和版心周围的空白部分。

版口是指版心左右上下的极限（在某种意义上即指版心）。确切地说，版心是以版面的面积来计算范围的，版口则以左右上下的周边来计算范围。

超版口是指超过左右或上下版口极限的版面。如一个图或一个表的左右或上下超过版口的，叫作“超版口图”或“超版口表”。

“页”的意义同“张”，一页包括两个印面；每“面”就是其中的一面，也就是书刊中的一个页码。

排正文字行的长度采用相等于版口宽度的排版，叫“通栏排”。正文字行按版口宽度等分为两栏（双栏）或三栏排版的，叫“分栏排”。常见分栏排版的版面结构如附图2所示。

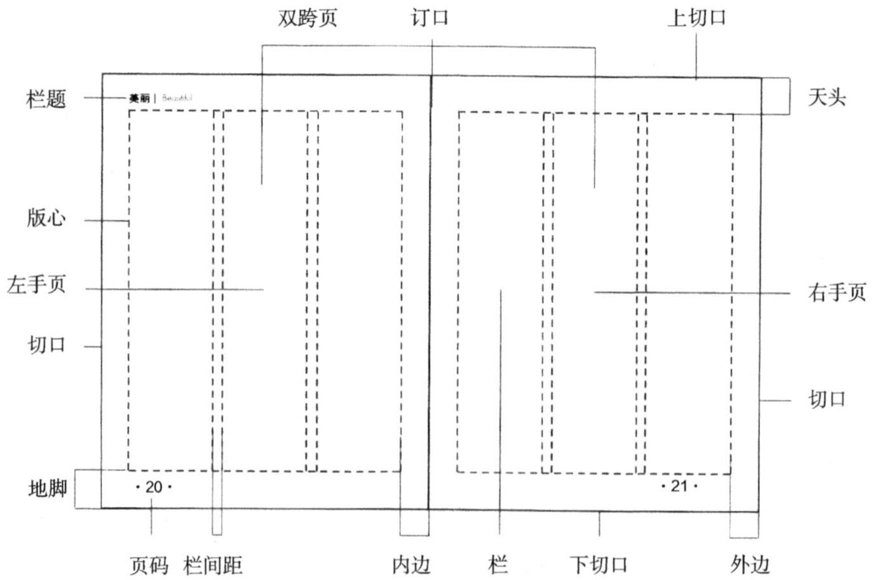


**附图2　常见分栏排版的版面结构**

页码是页面的码数，一般排在页面上角或下角。奇数的页码叫“单码”，偶数的页码叫“双码”。

暗码是不排页码而占页码的空页码，一般用于超版心的插图、插表；空白面应算页码，叫作“空码”。

另页起是指一篇文章或书的篇、章从单码排起的，叫另页起。

另面起是指一篇文章或书的篇、章从单码或双码开始排起都可以，但必须另起一面，不能与上篇文章接排。

另行是指正文每一段文字开始时一般须退（缩进）两格另行起排分段。

不齐版口排的文字叫“缩格”。另起行排的文字需缩进两格，遇特殊要求的缩格也有多于或少于两格的。一般在稿面上应标明缩几格。

如果第一行文字缩进排，要求第二行文字起首时齐上行文字，上下行齐头排叫“齐肩”。

对于横排的书来说，所排的字齐版心的右边（宽度）；对于竖排的书来说，所排的字齐版心的下边（长度）。

有的图书和期刊是用双栏排的，在一栏之内排不下的图或表就要延伸到另一栏，这种占两栏的排法叫作“破栏”或“跨栏”。

书眉、中缝的作用是为了便于读者查找、翻阅，在其上排印有书刊的章名、节名，或每篇文章的题目等。对于横排的书刊将之印在每面书页的上端，叫“书眉”；对于竖排的书刊将之印在切口的空白处，叫“中缝”（多用于古书中）。通常，单码的书眉上排章名、节名或文章的篇名，双码的书眉上排书名或刊名。

排在一面之末的标题，其后无正文相随，叫“背题”。这是排印规范中禁止的，要避免出现背题。

串文又叫“卧文”，是指插在文中的图、表较小，不到版口，仅及版口的 1/2 或更小，此时就在图、表旁边加排正文。

注线一般用于脚注中，是置于脚注文字上方的一根正线，表示正文与脚注文字的分隔。

护封也叫“包封”“包封纸”，在图书封面外套加另一张包装纸。护封一般印有书名、作者、出版者和图案，主要用来保护封面和起装饰作用，多用于精装本。

环衬页是封二后、扉页前，以及正文后、封三前特设的空白页。前者叫“前环衬”，后者叫“后环衬”，有装饰和保护图书的作用。

勒口也叫“折口”，是指平装书的封面和封底或精装书的护封切口处，都留有 3cm 以上的空白纸向内折回的部分，在其上面印有内容提要或作者简介。

飘口是精装书或假精装书的封皮，比书芯三面切口宽出 3mm 的部分。飘口宽于书芯，能起到保护书芯的作用。

篇、章页是在正文的各篇、章起始前，排一面单页，印有篇、编或章名称的书页。篇、章页只能利用单码，双码留空白。

插页是凡版面超过开本的、单独印刷插装在书刊内印有图或表的单页。有时版面不超过开本，纸张与开本尺寸相同，但又不同于正文的纸张或颜色印刷的书页，也叫“插页”。

为了美化版面，将图版的一边和双边超出开本，经裁切后不留白边，称为“出血版”，常用于通俗读物或画刊。

合页版也称“合和版”或“蝴蝶版”，排版术语叫“双跨版”，是排版者利用在同一个视域中的两个版面组成一个单元便于阅读的一种排法，运用时一定要从双页码跨到单页码。这种排法常见于跨页表或跨页图等。

在校对过程中，由于增加或删去了一些文字就要影响上下行文字的挪动，这种挪动在校对中叫“统行”。

校对过程中，如果在改变的版面上要增加行数，则将影响下一面的版面。这种在版面与版面之间的文字挪动叫“统版”。

凸版纸是印刷书刊正文的常用纸，分一号、二号、三号、四号等，有 30g、32g、35g、40g、52g 等多种。一般书刊用 52g 凸版纸。

新闻纸俗称“白报纸”，是凸版印刷中的主要用纸，一般用来印刷报纸、期刊。

铜版纸是纸面（多为胶版纸）涂上一层白色涂料，经超级压光加工制成的高级印刷用纸，多用于印刷高级书刊的彩色封面、精美插图、画册、卡片、商品样本等。

胶版纸是一种可供胶印机多次彩色套印的纸张，有 60g、70g、80g、100g、120g、157g 等。书刊正文一般用 60g 或 70g 胶版纸，封面一般用 120g 或 157g 胶版纸。胶版纸有卷筒纸和单张纸两种。

字典纸是一种质地较薄、较白的纸张，不透明，吸墨性好，韧性较强，不易断裂，有 25g、30g、35g、40g 等，主要用于印刷字典、词典、手册等工具书和较厚的书籍。

纸张的重量单位为克，是指纸张在每平方米的重量。从前用磅作单位，是指每令纸的重量，如 60 磅、80 磅等，现已不使用。

令是印刷书刊用纸的计量单位，以全开 500 张纸为 1 令。以前，不足 1 令的以方计算，1 令等于 1000 方。现在，都以印张为令以下的计量单位，1 令等于 1000 印张。1 印张等于半张全开纸。

版面以上高起部分着墨，压印在纸上的，叫“凸版印刷”，如以前的铅印；以凹下部分着墨，压印在纸上的，叫“凹版印刷”，用于印刷精美画册、邮票、钞票等；版面平滑，利用印版上的有影部分的亲油性和无影部分的亲水性将墨色压印在纸上的，叫“平版印刷”，如现在所采用的胶印都是平版印刷。

PS 板是预涂感光版的简称，就是预先将感光树脂液涂布到特定的金属板底基上，干燥后保存起来，经晒版、显影即可制成印版，上机印刷。

# 后　记

笔者对《出版业务流程指南》这本书的完成要进行一个简要的回顾。

1995年，北京印刷学院出版系成立。斗转星移，时光荏苒，出版系自创办以来20多年中，先后划入出版传播与管理学院（2003年设立，2010年年底被拆分为新闻出版学院和经济管理学院）和新闻出版学院（2010年11月成立），于2022年7月划入出版学院［中央宣传部指导建设的首批五所出版学院（研究院）之一，由北京印刷学院与中国出版协会共建］，相继成为北京市品牌建设专业、国家特色专业、国家品牌专业，社会认可度不断提高，影响力持续扩大，专业的具体名称虽有变化，但“编辑出版”作为专业核心一直未变。北京印刷学院的编辑出版教育也一直走在全国前列，始终与全国60余所相关专业兄弟院校保持密切联系、相互交流、共同进步，在出版学科申报、出版学专业硕士建设等方面做出了突出贡献。

在编辑出版专业取得的成绩之外，我们也应该看到不足。除专业整体相对薄弱，社会对专业的认可度还有提升空间等之外，编辑出版专业相关教材建设有待进一步提升和完善。相较于其他专业教材建设硕果累累，编辑出版专业在教材建设上比较薄弱，虽然各相关高校都投入了巨大的人力物力，也产生了一系列成果，但相较于出版业的独特地位，编辑出版专业的教材建设在理论体系上还应不断完善，在配套实习实践教材建设上更要努力探索。

我校一直以来都很重视实践教学，在长期的教学实践活动中，在理论课程之外，实践课、实践教学一直占较高比例，注重全方位培养学生的理论素养与实践能力，通过实践课程、小学期等多种形式完成校内的实践教育。此外，我校邀请行业内专家进校园，组织学生参观生产机构、参加行业会议，联系出版单位开展“实培”“双培”等项目，为在校学生提供了丰富的行业最新信息，使学生能够与行业紧密联系，在理论联系实际的同时，也方便了学生与行业、社会的交流，方便学生就业。

在这里，要特别感谢北京印刷学院同人，特别是原新闻出版学院的陈丹教授、高杨文教授、李德升副教授、邓漪副书记的支持、帮助。原新闻出版学院的领导班子对课堂创新、实践育人极为重视，提供了大量的政策和资金支持，鼓励教师和学生在课堂教学、学习之外，参加行业会议、行业实践，参加行业内的各项活动。没有他们的包容、鼓励和支持，本书还会只停留在课堂上，不会顺利付梓。要特别感谢邓漪书记对学生实践的大力支持，凡是开展学生实习实践活动，需要与行业联系，他都不遗余力地提供帮助。

感谢编辑出版专业历任负责人朱宇教授、张文红教授等的悉心指导与帮助，感谢编辑出版专业的各位师友，多年来一直耐心、细心地对我在教学上的指导，在课程设计、课堂教学、课后训练等方面提出很多建设性的意见和建议，在此特别谢过。

最后，也对编辑出版专业的同学表示感谢，感谢你们对我的信任和支持。这门课程授课依赖于行业展示和课堂案例分析，教学相长。在授课过程中，我从你们身上也获益良多。我把最后的感谢送给你们，谢谢我亲爱的学生们。

周 康

2023 年 2 月